Grigori Grabovoi

2017 ANNO DOMINI

GLI INSEGNAMENTI SU DIO

Grigori Grabovoi

"2017 Anno Domini"

Gli Insegnamenti su Dio

Edizioni L'Arcipelago – 206 pp.

ISBN 978-8889517178

"Sistema educativo. Da meno tre a ventuno anni e oltre – Per la vita eterna"
Grigori Grabovoi 2000

Tradotto dall'inglese da Maria Giovanna Airoli
Grigori Grabovoi 2000
La redazione del testo è di Edizioni L'Arcipelago
Prima edizioni italiana Maggio 2017

www.edizionilarcipelago.it

Tutti i diritti riservati. Nessuna parte di questo libro può essere riprodotta, memorizzata su supporto informatico o trasmessa in qualsiasi forma e da qualsiasi mezzo senza un esplicito e preventivo consenso da parte dell'editore.

GRIGORI GRABOVOI ®
© Грабовой Г.П., 2000
© Grabovoi G.P., 2000
© GRIGORI G.P. 2000
ISBN 978-88-89517-17-8 Traduzione italiana

NOTA DELL'EDITORE

Il contenuto di questo libro ha aiutato molte persone, e siamo fiduciosi che continuerà a farlo. Tuttavia desideriamo puntualizzare che le tecniche di Grigori Grabovoi sono metodi mentali indirizzati al pilotaggio di eventi nella propria vita. Questi metodi dipendono molto dal personale sviluppo spirituale. Poiché trattiamo argomenti inerenti alla salute, desideriamo chiarire che l'influenza di tali metodi non devono essere considerati come terapia nel senso convenzionale della parola, e quindi non sono intesi a limitare o rimpiazzare una cura professionale medica. Grazie.

Edizioni L'Arcipelago

DELLO STESSO AUTORE

LA RESURREZIONE E LA VITA ETERNA DELL'UOMO
ORA SONO LA NOSTRA REALTÀ

SEQUENZE NUMERICHE
PER IL SUCCESSO NEL BUSINESS

IL REDENTORE LA FINE DEL MONDO NON
AVVERRÀ, HAIRINQULUS, IL SAPERE UNIFICATO

SISTEMA EDUCATIVO DI GRIGORI GRABOVOI
Prima Edizione italiana Marzo 2017
Grigori Grabovoi 2000

L'uso del testo e delle illustrazioni, anche come estratti, senza il permesso dell'editore, è una violazione del copyright ed è punibile come tale. Questo include fotocopie, traduzioni, copie di microfilm o elaborazione dati con sistemi elettronici.

CONTENUTO

SISTEMA EDUCATIVO DI GRIGORI GRABOVOI............ 9

REALIZZAZIONE DELLA FELICITÀ 41

IL CONTROLLO DEL TEMPO 77

INSEGNAMENTO SULL'AMORE
E SUL RINGIOVANIMENTO 103

RINGIOVANIMENTO 138

L'INSEGNAMENTO DI GRIGORI GRABOVOI
SU DIO. LO SPIRITO 155

LA STRUTTURA FONDAMENTALE
DELL'UNIVERSO 177

SISTEMA EDUCATIVO DI GRIGORI GRABOVOI

Il mio sistema educativo è basato sul fatto che io fornisco conoscenza ancora prima che la persona venga al Mondo. Quindi, esso è fondato sulla concentrazione e il trasferimento di conoscenza alla persona prima della sua nascita, questo può essere fatto dai parenti del futuro nascituro/a, pertanto: genitori, nonni, anche qualsiasi persona che sia a conoscenza del fatto che qualcuno sta per avere un bambino, che una nuova persona è in arrivo.

Questo sistema educativo comprende diverse fasi.

La prima fase tratta la concentrazione sull'eternità, cioè, sull'infinito spazio-tempo prima della nascita della persona. Il primo pensiero su cui concentrarsi è: **che egli nasca sano – si sviluppi creativamente e doni eternità al Mondo.**

Dopo aver iniziato a ripetere frequentemente questo pensiero, **già tre anni prima della nascita,** va aggiunta, sempre mentalmente, la seguente formula: **questa futura persona sarà piena di gioia, vivrà nella felicità e sarà circondata da amore.**

Dopo averla meditata per **un anno prima della** nascita, si aggiunge: **il nascituro sarà sempre felice, ed egli porterà felicità e amore, oltre che a se stesso, anche agli altri. Sarà sempre ben accudito e non gli mancherà mai niente.**

A grandi linee (più avanti sarà spiegato in modo dettagliato) lo scopo dell'esercizio seguente riguarda il pensiero che deve essere mentalmente condotto in primo luogo, attraverso il punto dei tre anni pre-nascita; dopo di che deve essere trascinato attraverso l'infinito, sempre da un'azione mentale, in modo che questo evento si inserisca dentro la realtà di tutte le infinite informazioni pre-nascita. Queste poi, a loro volta, verranno trasferite alle infinite informazioni dopo la nascita, portandole direttamente al punto della nascita della persona; in primis – al

© Грабовой Г.П., 2000

punto del suo concepimento. In questo modo, quell'azione sulla concentrazione eseguita un anno prima della nascita, si esprime come movimento di pensiero lungo un determinato numero di punti. Quindi, con delle semplici azioni susseguite, è possibile distanziare questi punti lungo una linea diritta (linea del tempo) come mostrato in Fig. 1.

Fig. 1 Prima e dopo la nascita

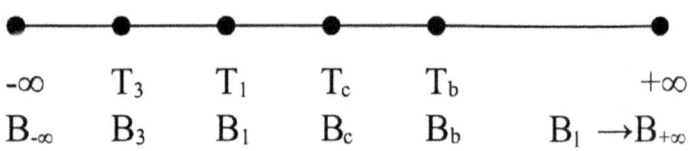

Lungo la linea del tempo dell'infinito, a sinistra è localizzato il punto d'infinito negativo ($-\infty$). In mezzo c'è il punto di concepimento che io contrassegno con la T_c seguito sempre a sinistra da $T_1 - 1$ anno prima e $T_3 - 3$ anni prima. Alla destra è posizionato il punto di infinito positivo ($+\infty$).

In questo modo, quando io dico che è necessario lavorare mentalmente con il punto di concepimento, per esempio quando uso le parole "si prende" oppure "si deve condurre il pensiero dal punto 1 al punto 3 attraversando l'infinito negativo o l'infinito positivo per arrivare al punto di concepimento" – tutto questo è possibile seguendo la stessa linea diritta del tempo.

In pratica si inizia la concentrazione sul punto T_c, il punto di concepimento, poi si sposta al punto T_1, avendo sempre in mente il pensiero che ho suggerito; ora lo si conduce a T_3 poi al punto di infinito negativo, poi lungo la linea, all'infinito positivo, per ritornare al T_c.

Ora, qui c'è ancora un punto chiamato il punto di nascita, cioè, esso funziona in modo che continuando a lavorare sopra il concetto di punti si trasferisce in un concetto di tempo da immaginato (virtuale) a reale. **E questo io l'ho già fatto trasferendolo nel concetto B_b** – tempo di nascita ; B_c – tempo di concepimento; B_1 B_2 – tempo uno, tempo due e si arriva a $B - \infty$ – tempo di infinito

© Грабовой Г.П., 2000

negativo e B + ∞ – tempo di infinito positivo. In questo modo raggiungiamo quattro punti, che indicano quanto segue;

B_c – punto di concepimento reale.

B_1 e B_3 – un anno e tre anni prima della nascita.

B_b – punto di nascita.

– ∞ + ∞ (infinito negativo e infinito positivo)

Esiste anche il concetto di punto connesso al concetto di tempo speciale, quindi, qui di seguito, introdurrò il tempo di vita eterna. Ora, il tempo della vita mira al tempo infinito, che vuol dire, che alcune azioni devono esprimere il fatto che la vita è diventata infinita, cioè, l'infinito positivo (+ ∞). Pertanto questo non è più un punto virtuale, bensì si trasforma in elemento infinito.

Ogni azione – all'interno del mio sistema educativo – è mirata a fornire concetti di vita eterna, creazione eterna e quindi è importante procedere inizialmente seguendo ciò che questa tecnologia promuove, indirizzandola sopratutto a tali scopi. Così facendo tutte queste azioni possono essere eseguite rispettando ogni persona indipendentemente dall'età che ha al momento.

Ecco perché questo sistema può essere usato non solo per i futuri nuovi nati, ma può essere applicato anche a tutte le persone già viventi. Comporterà semplicemente un cambiamento di concentrazione questa volta, diretto alla persona vivente in questione, in modo da assicurare lo sviluppo verso una vita eterna fatta di salute, felicità e amore.

Ora procederò a spiegare le azioni, le concentrazioni che devono essere presenti al punto di concepimento. Tengo a precisare che il concetto importante di "inviare periodicamente" – che viene richiesto ogni mese – significa semplicemente che bisogna mandare un impulso mentale veloce al futuro nascituro, possibilmente più volte (più volte si fa, meglio è), delle formule da me suggerite.

© Грабовой Г.П., 2000

All'inizio saranno a ritmo mensile, cioè partiranno già dal primo mese dopo il tempo del concepimento – è necessario concentrarsi su alberi, animali e persone, tenendo a mente la prima legge per trasferirla alla persona che è in procinto di svilupparsi.

La legge è la seguente: **tutti gli elementi del Mondo, tutte le particelle, sono connesse le une alle altre, e mentre si connettono crescono.** Questa è la formula che bisogna mandare mentalmente al nascituro; e questo deve essere fatto durante il primo mese.

Nel secondo mese di sviluppo dopo il punto di concepimento, e cioè, dopo l'effettivo tempo di concepimento, bisogna trasmettere al nascituro, uno schema che qui di seguito mostro nella F.2 – (che rappresenta anch'esso una linea diritta)

F.2

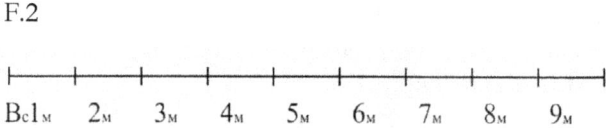

F.2. Nove mesi di sviluppo prenatale

Il primo mese deve essere subito seguito dal secondo mese, durante il quale è necessario trasmettere al feto che si sta sviluppando che: **il Mondo è impostato in modo tale che la materia si organizza secondo i pensieri della persona, e quindi quando lui penserà, la materia si organizzerà di conseguenza.**

Durante il terzo mese, dal momento del concepimento, è necessario trasmettere al nascituro: **che ognuno di noi è parte del Mondo perciò anche lui ne fa parte, ma pur facendone parte, egli si deve considerare una parte indipendente e separata da esso.**

Durante il quarto mese, dopo il tempo del concepimento, diviene obbligatorio mandare al futuro bimbo, l'entità che si sta sviluppando: **che egli è una personalità individuale che ha iniziato a svilupparsi già prima del momento di concepimento, che egli non è scaturito dall'infinito, bensì si è formato da solo, e quindi la sua Anima e il suo corpo sono eterni.**

© Грабовой Г.П., 2000

Durante il quinto mese, il concetto da inviare mentalmente è il seguente: **che deve sviluppare mentalmente una chiara comprensione del modo creativo e costruttivo in cui egli desidera evolvere se stesso e il Mondo.**

Durante il sesto mese si trasmette il messaggio: **che egli è responsabile dei suoi genitori e di tutto ciò che lo circonda nel Mondo, in quanto eventi da lui creati, che lo studio di tutte le scienze che lui apprenderà in futuro, devono tenere in considerazione ciò che lui sta imparando ora. Esse, a loro volta, verranno trasformate nella sua mente acquisendo un significato di primaria importanza nel suo sviluppo, poiché messe lì ancora prima della sua nascita.** Da ciò egli deve comprendere che l'eternità che esisteva prima di lui e che esisterà dopo di lui possono essere combinate.

A questo punto, si è raggiunto uno stadio importante dello sviluppo fetale, quindi si abbina all'impulso mentale un ulteriore esercizio che può essere svolto seguendo la figura 1: si connette il punto di tempo infinito negativo, al punto di tempo infinito positivo, oppure si sovrappone mentalmente il simbolo $B - \infty$ al $B + \infty$, in questo modo il feto sta già creando la sua vita in modo armonico ed eterno.

Durante il settimo mese diventa importante trasmettere al feto la formula: **che egli è responsabile di ogni sua azione poiché è una personalità matura.** Perché, è importante inviargli già al settimo mese che egli è già una personalità matura? Perché, deve chiaramente e apertamente riconoscere e accettare che, sulla base dell'esistenza della sua Anima eterna, egli così è sempre stato fin dal primo istante di concepimento.

Durante l'ottavo mese bisogna informarlo: **che le persone nascono: in modo da dare vita ad altri e poter creare insieme; e allo scopo di risuscitare persone che sono mancate prematuramente; e che sono qui allo scopo di non morire mai, né loro né altri.** Questo si ottiene nel momento in cui gli si invia mentalmente il simbolo $(B - \infty)$ infinito negativo e $(B + \infty)$ infinito positivo ed egli deve sforzarsi per conquistare questo punto.

© Грабовой Г.П., 2000

Durante il nono mese gli si trasmette: **che ormai egli è una persona adulta, in grado di respirare di muoversi liberamente come tutti. Deve anche abituarsi all'idea di nascere.**

La prossima fase (come mostrato in Fig.3) è il momento della nascita.

Quindi:

La Figura 1. indica uno schema – il tempo anteriore alla nascita e quello dopo la nascita;

La Figura 2. indica il periodo di sviluppo prenatale, nove mesi di sviluppo, nove mesi di sviluppo prenatale.

La Figura 3. indica il periodo di effettiva nascita.

E se il bambino dovesse nascere prima dei nove mesi? Basta trasmettergli tutti i messaggi insieme. Per esempio: supponiamo che nasca di sette mesi, i messaggi dell'ottavo e nono mese gli vanno trasmessi insieme alla nascita.

Fig.3

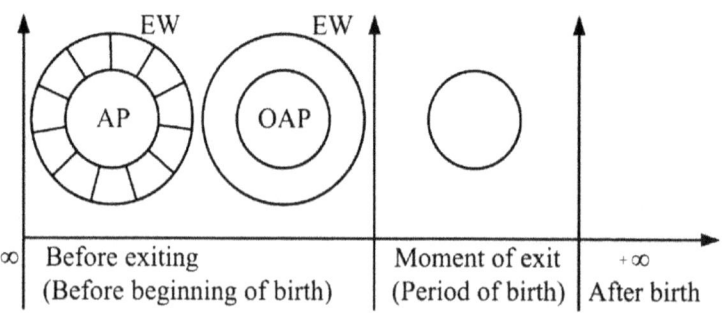

otto rovesciato Prima dell'inizio della nascita –
Momento transizione – Momento nascita – Dopo nascita –

Fig. 3. Momento di nascita

© Грабовой Г.П., 2000

AP – Antenatal Period – ovvero periodo prenatale.
OAP – Outside Antenatal Period – ovvero fuori dal periodo.
EW – External World – ovvero Mondo esterno.

Per potere controllare questo periodo, questo momento, dal punto di vista della vita eterna, sono necessarie le seguenti azioni (che possono essere fatte dal padre o da un membro consapevole della famiglia): vedere mentalmente il bimbo connesso tramite infinite connessioni mentre si trova nel periodo prenatale come rappresentato nella figura 3, la sfera AP. avente piccole connessioni (le corte linee diritte) che s'immettono in un'altra sfera che simboleggia il Mondo intero. Quindi, si tratta di visualizzare due sfere: la prima sfera è lo sviluppo prenatale ed è all'interno di un'altra sfera che rappresenta il Mondo, entrambe sono connesse da queste piccole linee. Ora è necessario trasmettere al nascituro, in modo molto chiaro, **la transizione dello sviluppo prenatale alla prossima sfera, che non è molto diversa dalla sfera a lui familiare, ma differisce solamente in termini di connessioni alla sfera esterna.**

Serve che il nascituro comprenda chiaramente il processo di connessione tra le linee che vanno dalla sfera – AP – all'altra sfera già preesistente – OAP – Entrambe sono preservate allo stesso modo nel Mondo esterno (EW). In parole povere, tutto questo sta a indicare che la futura persona è sempre stata in connessione con il Mondo esterno fin dall'inizio, fin dall'inizio prenatale e – **questo concetto deve essergli chiaramente trasmesso e ben fissato nella memoria prima che lasci il corpo della madre.**

Il momento di uscita (parto) deve essere visualizzato chiaramente nel modo seguente: l'intero Mondo può essere immaginato come una sfera e – **mentalmente questo Mondo deve essere consegnato nelle mani del nascituro (che sarà collocato mentalmente in un infinito spazio aperto) proprio nel momento della sua uscita dal corpo materno ed entrata nel Mondo reale.** Da questa azione mentale partirà la vita eterna del nuovo membro, che, consapevole del Mondo ancor prima di tutto ciò, si sentirà bene e a suo agio nell'eternità. E questo sarà di aiuto anche per avere un parto veloce e felice. Per far sì

© Грабовой Г.П., 2000

che la visualizzazione diventi familiare è consigliabile iniziare ad esercitarsi spesso, un po' di tempo prima della prevista data di nascita, usando la figura 3. come punto di riferimento.

Ora, nella figura 4. vi mostrerò il trasferimento di informazione che deve essere fatto giornalmente, a partire dal primo giorno dopo la nascita.

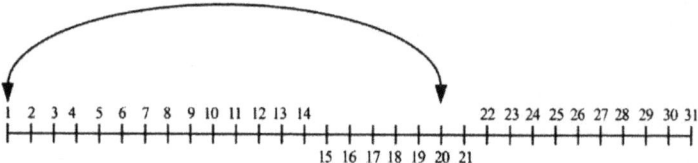

Fig. 4. Informazione giornaliera dopo la nascita

Nel primo giorno dopo la nascita è necessario trasmettere al nuovo arrivato il pensiero che – **il Mondo è eterno**.

Il secondo pensiero da inviare è che – **pur essendo eterno il Mondo è in continuo cambiamento, esso si muove e tutto ciò che fa parte del Mondo si sviluppa**.

Nel terzo giorno si trasmette il concetto che – **è per questo che è eterno – perché si muove e si sviluppa**.

Nel quarto giorno serve concentrarsi sul bimbo e dirgli per alcune volte che – **egli deve ripetere tutto ciò che gli avete trasmesso nei primi tre giorni di vita**.

Nel quinto giorno è necessario chiedergli mentalmente – **di trasmettervi la sua visione e comprensione del Mondo**. Voi, di rimando dovete trasmettergli, tramite la vostra Anima e i vostri occhi – **amore, affetto e serenità dandogli l'opportunità di gioire di tutte le realtà che derivano dalla giustapposizione dei cinque piani (continenti) del Mondo**.

Nel sesto giorno dopo la nascita è necessario che – **permettiate al bimbo di scegliere in modo indipendente, come**

Sistema educativo di Grigori Grabovoi

inviarvi informazioni e conoscenza e riguardanti le situazioni per lui importanti.

Nel settimo giorno dovete trasmettere al nuovo nato che – questo è il settimo giorno dopo la sua nascita e che questo numero è stato inviato dall'alto, dal Creatore che tutto ha creato, anche suo padre e sua madre. Spiegargli che anche lui, il bimbo stesso, può diventare un Creatore se comprende – ora – come il Creatore ha creato questo numero sette e come ha creato il Mondo.

Nell'ottavo giorno dovete inviargli mentalmente – **che vostro figlio è un elemento dell'eternità, che è infinito, e che se si sdraia per terra il numero otto si ottiene il simbolo dell'infinito, e che se si modifica il numero otto in uno zero, si può trasformare l'intera asse numerica.** In pratica, deve imparare a contare basandosi sulla trasformazione di simboli trasmessi mentalmente. In questo modo egli capirà come si può costruire un corpo tramite una combinazione di elementi. E quando sentirà di essere in grado di modificare un otto facendolo diventare zero, e osservandolo dall'asse numerica, potrà vedere la trasformazione di altri numeri, allora si renderà conto di poter trasformare qualsiasi materia in qualcos'altro e quindi capirà di poter ricreare se stesso.

Nel nono giorno bisogna trasmettergli – **che egli è una personalità individuale che unisce tutti gli elementi del Mondo. Egli stesso crea il Mondo e quindi è un essere unico, assolutamente fantastico, enormemente felice e deve essere lodato in ogni modo.**

Nel decimo giorno è necessario dirgli che – **il numero otto che egli ha convertito in zero, deve ora essere convertito in uno. In pratica dopo aver trasformato l'otto in uno zero si ottiene un uno. Usando questo esempio si può spiegare come è nato il Mondo e come avvengono le connessioni a livello mondiale. Di tutto questo, e di altro ancora a venire, egli deve diventare consapevole.**

© Грабовой Г.П., 2000

Nell'undicesimo giorno, trasmettete a vostro figlio – **che deve guardarsi intorno usando il suo sguardo mentale, e deve diventare consapevole di se stesso come personalità creativa che aiuta la sua mamma e il suo papà.**

Nel dodicesimo giorno bisogna dire al bimbo, prima a parole e poi mentalmente che – **egli è il migliore. In pratica si dice: – Sei il migliore! – Prima a parole e poi mentalmente per svariate volte.**

Nel tredicesimo giorno bisogna permettergli di – **giocare con più oggetti possibili. È anche possibile mettergli in mano mentalmente più oggetti possibili e ripetergli per non più di dieci volte – Si, no, si, no. – Dopo di che osservate attentamente la sua reazione alla prossima frase: – Il Mondo è leggero – A seguire invece ripetetegli: – Il Mondo è luce – E verificate le sue reazioni, possono essere diverse e possono sopraggiungere anche nel corso della giornata.** Tutto questo può essere fatto anche mentalmente.

Qualora la sua reazione alla frase – il Mondo è leggero – fosse emotivamente accesa, cercate di calmarlo, raccontandogli, anche mentalmente, delle favole che lo tranquillizzano. Se, al contrario rimane calmo e non mostra alcuna reazione, però si anima per la frase il Mondo è luce – allora è necessario agire in modo opposto e raccontargli anche mentalmente, storie vivide, insolite, per risvegliare in lui un certo livello di eccitazione mentale.

È possibile percepire queste sensazioni a livello mentale, se non si ha il bimbo a portata di mano, e il suo comportamento sarà a vostra completa discrezione. Naturalmente vi renderete conto che a questo punto noi stiamo già parlando di un livello telepatico di comunicazione dove, tutto il lavoro di concentrazione fatto dal primo giorno di nascita ci rivela che – **il Creatore ha stabilito un compito per il piccolo e questo compito tratta la creazione e l'acquisizione di conoscenza. Egli dovrà lavorarci su, aiutando se stesso e il suo sviluppo con movimenti attivi, cercando di parlare, mentalmente o tramite altre azioni, che egli stesso sceglierà.** Egli cercherà di

© Грабовой Г.П., 2000

parlare nel modo più logico possibile.

Nel quattordicesimo giorno è necessario, **massaggiare i piedini del bimbo,** lo si può fare anche mentalmente.

Nel quindicesimo giorno è necessario **mostrargli,** anche in disegno e volendo anche mentalmente, **la lettera – A – e spiegargli che è la prima lettera dell'alfabeto e che è stata creata per comunicare, ma che lui può anche comunicare senza l'ausilio di lettere.**

Nel sedicesimo giorno si può iniziare a: **parlargli di piante e animali; che alla luce della vita eterna essi avranno un'esistenza infinita, perché tali sono le condizioni che si sono create sulla Terra.**

Nel diciassettesimo giorno è necessario: **spiegargli che la Terra è posizionata in uno spazio enorme la cui configurazione è infinita e gli spazi intorno molto ampi.**

Nel diciottesimo giorno, volendo anche mentalmente, è indispensabile cominciare a: **parlargli del Mondo; che è molto grande, e che per viaggiare è indispensabile il concetto di tempo, poiché per percorrerlo tutto, occorre molto tempo.**

Nel diciannovesimo giorno bisogna dirgli che: **spesso l'unico suo compito sarà assicurare costruzioni creative, e quindi egli deve imparare fin da ora che meccanismi padroneggiare per diventare un abile Creatore.**

Nel ventesimo giorno, dovrete: **concentrarvi mentalmente sull'asse che io ho disegnato, per trasmettere al bimbo le sensazioni e le memorie connesse al primo e al secondo giorno dopo la sua nascita.** Anche se non ricordate i dettagli, concentratevi semplicemente sul numero uno e due dell'asse, trasferite entrambi mentalmente al giorno venti e trasmettetelo al bimbo. In questo modo starete già attuando un sistema di trasferimento di pensiero.

© Грабовой Г.П., 2000

Nel ventunesimo giorno dovrete: **chiarire che ogni elemento è riflesso nel Mondo tramite un certo tipo di schema.** Cioè, il raggio di luce può avere un'ombra, un numero può avere un riflesso, o essere rovesciato, un numero specchio, oppure un numero può essere semplicemente scritto o incollato insieme, e anche così può riprodurre un'ombra, però – allo stesso tempo – sarà sempre un numero. Non è necessario semplificare l'argomento, basta ripetergli esattamente quello che io sto dicendo. Se, incollate insieme una **struttura** del numero ventuno e la illuminate vedrete che produce un'ombra, ma anche quest'ombra appartiene al numero, che è un simbolo, per esempio di ventuno oggetti. Ora cercate di spiegare al bimbo tutto questo in modo molto dettagliato, dedicategli anche mezz'ora se necessario, potete farlo anche mentalmente. Questo servirà a chiarirgli che tutti i fenomeni sono correlati tra loro sia simbolicamente che non.

Nel ventiduesimo giorno è necessario dirgli: **che esistono vere e proprie connessioni dietro i simboli, anche dietro a quelli che spesso e volentieri non sono visibili, o poco appariscenti, ed è importante che questo lui lo comprenda. Deve essere in grado di occuparsi lui stesso, da solo, del suo benessere, anche qualora si presentasse qualche deviazione nella sua salute. È così che lui è stato creato originariamente. È imperativo che gli venga spiegato quanto segue: che lui è stato creato perennemente sano e perciò è già in possesso di un meccanismo che fa fronte a qualsiasi situazione.** Questa conversazione può essere affrontata come se si parlasse ad una persona che sta crescendo, ad un adulto. E bisogna abbinarla alla seguente azione mentale: si visualizza la linea retta che ho disegnato e si ritorna indietro al giorno venti.

Nel ventitreesimo giorno si deve spiegare al bimbo che egli: **deve comunicare con i bimbi piccoli come lui – mentalmente, poiché loro probabilmente si troveranno in aree e tempi completamente diversi dal suo. Per lui questo non sarà difficile – egli è perfettamente in grado di contattare tutti i bimbi di ventitre giorni come lui.** Fatelo insieme a lui, immaginatevi di avere ventitre giorni e unitevi a lui per rag-

© Грабовой Г.П., 2000

Sistema educativo di Grigori Grabovoi 21

giungere quel livello di telepatia. Vedetevi piccoli accanto a lui nell'atto di abbracciarlo e ascoltatelo mentre cerca di comunicare con voi. Che lingua, che simboli usa? Possono essere vari e diversi. A questo punto però, con la pratica che avete acquisito fino a qui, voi sarete in grado di condividere istantaneamente con lui tutta la conoscenza creativa che avete accumulato, potete farlo attraverso un unico impulso o in vari stadi dettagliati, a voi la scelta. Questo sarà un giorno grandioso per entrambi.

Nel ventiquattresimo giorno è necessario trasmettergli che: **tutti i numeri sono uniti, e che da certi numeri se ne possono ottenere altri e più semplici.** Per esempio – addizionando **due + quattro e girando sottosopra il risultato otterremo nove. Questo è solo uno dei molteplici aspetti dei numeri.**

Nel venticinquesimo giorno continuiamo a spiegare i numeri: **quindi se dal due + quattro – e rigirando il numero abbiamo ottenuto nove – di seguito possiamo vedere che due + cinque fa sette, e che possiamo ricavare sette anche se sottraiamo due dal nove.** È necessario iniziare a usare questo metodo mentale di calcolo, in modo tale da poter addizionare i numeri indipendentemente dalla loro posizione. Ovvero, non nel modo logico che già conosciamo, ma come ho spiegato, ruotando i simboli o tramite un paragone, per esempio: c'è il numero due accanto al quattro, quattro che abbiamo potuto ottenere sommando due+due, ma se attraversiamo il due attraverso il due? avremmo un riflesso specchio e possiamo usare questo riflesso specchio come sottrazione. In pratica il bimbo deve imparare a sottrarre – non come gli insegnano a scuola – ma deve sottrarre combinando il simbolo con la realtà. Questo vuol dire lavorare subito con il tessuto della realtà, ma non a livello simbolico che è un riflesso della realtà. Mi spiego con più precisione: due + quattro fa sei, però girandolo abbiamo ottenuto nove (oppure abbiamo sommato, due + cinque che fa sette) ma possiamo ottenere sette sottraendo due dal nove. Perché fare tutto questo? Per cercare di far capire il modo in cui i numeri possono essere aggiunti, sottratti o trasformati, in modo da sviluppare qualsiasi sistema a nostro piacimento. Questo espone dettagliatamente il Mondo, dimostrando che attraverso le connessioni lo si può rendere più insolito, più pittoresco e, a questo

© Грабовой Г.П., 2000

livello lo si può fare tramite il divertimento. Lo stesso scopo può essere ottenuto senza l'ausilio dei numeri, ma con gli oggetti. Per esempio: nella cameretta del bimbo c'è il suo lettino, mentre nella camera accanto c'è una TV. Chiedetegli semplicemente di spostare mentalmente l'apparecchio televisivo e di posizionarlo ai piedi del suo lettino in modo da poter vedere programmi diversi. Ciò che egli vede all'interno è un simbolo, mentre ciò che la TV mostra è la realtà. Il trasferimento mentale è anch'esso un simbolo, ma egli, tramite un trasferimento simbolico, ottiene la realtà. Questo è l'esercizio che deve essere fatto con il bimbo nel venticinquesimo giorno.

Nel ventiseiesimo giorno è necessario trasmettere al bimbo: **che egli è ormai un essere adulto in grado di vedersi nel futuro e di osservare la sua crescita.** Potrà istantaneamente provvedere affinché tutto per lui si svolga nel modo migliore, qualora ci fosse qualcosa che non lo soddisfi. Anche voi dovreste provare mentalmente a guardare nella sua stessa direzione, cercando di migliorare la situazione dove necessario, dopo tutto l'allenamento riguarda il futuro di vostro figlio.

Nel ventisettesimo giorno potete dire a vostro figlio che: **anche in questo giorno c'è un nove, senza bisogno di ribaltarlo basta addizionare il due e il sette o sovrapporli, come meglio si crede.**

Nel ventottesimo giorno: **parlategli dei vostri genitori, che esistono connessioni sia biologiche che ereditarie, che ci sono molte persone chiamate parenti, conoscenti e amici che interagiranno con lui.** In questo giorno è necessario esortare il bimbo a modulare più suoni possibili; incoraggiatelo cantandogli delle canzoncine e giocando attivamente con lui.

Nel ventinovesimo giorno (QUESTO GIORNO NON È STATO DESCRITTO DA GRIGORI GRABOVOI), usatelo a vostra discrezione o creativamente.

Nel trentesimo giorno: **ingaggiate con lui una vera è propria giornata di intensa attività fisica.** Spiegategli che deve

© Грабовой Г.П., 2000

camminare mentalmente, e che mentalmente può compiere tutti i movimenti che desidera. Voi potete incoraggiarlo massaggiandolo; mentre lo fate trasmettetegli il messaggio di aiutare i suoi genitori. In futuro, nella vita, egli dovrà attuare molto lavoro fisico per se stesso, quindi, è necessario che egli si sviluppi anche fisicamente in modo attivo, ma è necessario – e questo è molto importante – che egli faccia tutto partendo da un concetto di eternità. In pratica tutto ciò che pensa e fa mentalmente è allo scopo di un futuro sviluppo infinito, il suo. Tutto ciò che ho spiegato, questa intensa attività fisica, può essere fatta da qualsiasi persona in qualsiasi periodo della sua vita. È semplicemente necessario entrare mentalmente nei giorni dopo la sua nascita, e fare ciò che si farebbe con un neonato vero e proprio. Da ciò scaturisce il sistema che rende possibile ripristinare lo stato di salute fisica di una persona.

Nel trentunesimo giorno dovete dirgli: **che il Mondo è organizzato sia in modo uniforme che in modo diverso.** Faccio un esempio: prendiamo un cubo, o una palla, o una pianta – essi sono formati da elementi separati, ma sulla pianta ci sono foglie, nel cubo ci sono i lati, e se ci fossero altri cubi si potrebbero unire i lati in modo da farli toccare, e se fossero incollati formerebbero un parallelepipedo, quindi va di seguito che è possibile creare un sacco di fenomeni diversi nel Mondo, nel tempo in cui lui cresce.

Quindi, tutto ciò che è stato detto ogni giorno al nuovo nato, è importante per il suo e il vostro sviluppo telepatico e, di conseguenza, per creare un vostro proprio metodo di comunicazione.

Io continuerò a fornirvi informazioni per ogni mese, dopo la nascita. Incominciando dal secondo (visto che nel primo mese le informazioni sono state date giornalmente) fino ad arrivare all'anno, e poi per tutti gli anni successivi fino al settimo anno compreso. D'ora in poi l'informazione verrà fornita a periodi.

Nel secondo mese di vita al bimbo deve essere trasmesso il concetto: **che la luce è composta da diverse tonalità.** L'unire più luci non significa necessariamente ottenere una

© Грабовой Г.П., 2000

luce più brillante, ma questa può sfociare semplicemente in colori diversi. Questo secondo mese deve essere imperniato sull'informazione riguardante i colori: In questo modo, più dati si trasmetteranno su ogni colore, più sarà facile poi per il bimbo, scegliere un colore e mischiarli a suo piacimento ad ogni evento. Imparerà così ad orientarsi e a controllare tali informazioni.

Durante il terzo mese è necessario: **fornirgli nozioni riguardanti le parti che compongono il suo corpo, egli ha braccia, gambe, una testa etc.** che tutto è connesso in modo perfetto affinché egli le possa sviluppare costantemente rendendole indistruttibili. Attraverso i pensieri è importante fargli capire l'importanza di questo compito, che va osservato dal suo punto di vista. Da parte vostra basterà visualizzare mentalmente i palmi delle sue mani perché egli possa vedere l'immagine del suo corpo attraverso i vostri pensieri. In questo modo egli comprenderà quanto è indispensabile per lui fare tutto questo e così sarà in grado di sviluppare il suo corpo per l'eternità.

Durante il quarto mese bisogna trasmettergli mentalmente il concetto: **che egli è già in grado di leggere, scrivere e camminare e che può farlo da solo.** Cercate di spiegargli che è importante che egli proceda in modo autonomo così che quando, più tardi, gli verrà insegnato come fare, egli dovrà semplicemente paragonare i due metodi, e optare per quello che gli sembrerà più giusto.

Durante il quinto mese il bimbo deve apprendere il concetto: **di infinito e finito. Eternità...Per spiegarglielo sarà necessario allargare le braccia per contenere il Mondo infinito, e poi ricongiungere le mani in un unico punto per fargli capire il concetto di finito, limitato, circoscritto.** È questo il modo in cui lui dovrà imparare a pensare, poiché ogni oggetto è composto, da una parte finita e una infinita. E sarà questo il vostro compito – trovare il profilo finito e l'orizzonte infinito d'ogni cosa che sceglierete di prendere come oggetto d'insegnamento. Dopo questo passerete alla scrittura dove verrà presa in esame ogni lettera, ogni parola, ogni elemento, usando lo stesso concetto.

© Грабовой Г.П., 2000

Durante il sesto mese è indispensabile trasmettere la conoscenza: **sullo sviluppo del movimento; che la vita è un valore inestimabile e che la sua forma finita è rappresentata dal corpo. Quindi il corpo non è la fine, bensì l'inizio di una vita infinita**. Durante questo insegnamento cercate di orientare l'educazione del bimbo verso un continuo contatto con voi. Dovete potervi connettere al suo Mondo spirituale, in qualsiasi momento. Sforzatevi di assicurare che l'immagine che egli ha di se stesso sia sempre in armonia con l'ambiente circostante.

Durante il settimo mese, il bimbo deve capire che: **tutte le cose sono connesse. Quando mangia qualcosa egli riceve energia dall'alimento; ecco perché può camminare. Quindi quando pensa egli può ricevere la stessa, identica cosa, oppure egli può produrre cibo**. In pratica egli deve essere sensibilizzato al fatto che ricevere cibo è un processo connesso allo spirito. Che esso è fornito da Dio e al contempo è spirito, ed è fornito dai suoi genitori. Egli deve vedere le connessioni e deve sviluppare un suo atteggiamento verso tutto questo. Un atteggiamento d'armonia, un atteggiamento di controllo in relazione alle connessioni quando queste sono per lui portatrici di buoni sentimenti e d'armonia.

Durante l'ottavo mese è necessario spiegargli che: **qualsiasi evento capiti nel Mondo è a lui pertinente, quindi è indispensabile che egli armonizzi ogni situazione rendendola positiva per tutti. Usate esempi pratici, per mostrargli che ogni cosa che accade al di fuori di lui sia comunque a lui connessa**. Lo potete fare in modo telepatico.

Durante il nono mese bisogna fargli capire: **come le lettere abbiano origine dai suoni. Potete dire che ogni lettera denota un suono, e ogni simbolo può significare un'informazione**. È indispensabile che comprenda che l'informazione può presentarsi sotto forma di simbolo con la sua essenza di verità, oppure che attraverso il sistema simbolico è possibile controllarne il significato, per esempio – scrivendo lettere si formano parole etc.

© Грабовой Г.П., 2000

Durante il decimo mese è necessario mostrare al bimbo: **tramite la telepatia o a livello fisico, che quando lui guarda lontano usando la visione fisica, egli può – usando la visione a lunga distanza – vedere la stessa cosa ma da un'altra angolatura.** In pratica sarete voi a visualizzare mentalmente per lui, ciò che lui sta osservando, indicandogli la diversa modalità di visione. Questo esercizio è già un inizio di chiaroveggenza.

Durante l'undicesimo mese dovrete mostrargli: **il sistema di fare previsioni, ovvero il sistema di controllo, proiezioni di quanto lui vede muoversi da lontano, eventi che gli vengono incontro o che si allontanano da lui – questi sono valori di previsioni controllabili.** Il bimbo deve comprendere che tutto ciò che egli intravvede nel Mondo e davanti a sé è controllabile, anche ciò che sta per mangiare, o per esempio – un film che sta per guardare o delle lettere che sta per leggere – tutto questo è controllabile ed egli può imparare in anticipo come ottimizzarli. Armonizzarlo continuamente in questo modo, contribuirà a far si che egli affronti ogni giorno con la consapevolezza che le sue azioni fisiche e mentali possono essere di aiuto a se stesso e agli altri nel salvare il Mondo e si organizzerà di conseguenza.

Durante il dodicesimo mese è necessario mostrare al piccolo che: **quando tocca oggetti finiti a livello fisico è possibile ottenere un punto infinito.** Per esempio – se si tocca la superficie di un cubo mettendone un angolo a contatto con l'angolo di un altro cubo – il punto di connessione fra i due risulta essere molto più piccolo, e questo dimostra che oggetti finiti creano l'infinito.

Da questo momento in poi, la metodologia degli esercizi viene divisa in anni. Ciò che prima veniva suddiviso giornalmente e poi mensilmente, ora viene articolato annualmente.

Durante il secondo anno di vita si deve mostrare al bimbo che: **il Mondo è infinito come sono anche le possibilità della visione, che risulta così essere una transizione al pensiero.** In pratica, il bimbo che guarda le nuvole, l'aria o l'orizzon-

© Грабовой Г.П., 2000

te, lo fa tramite la visione, però questo può essere trasferito al pensiero, ovvero, anche il pensare può diventare infinito, poiché può anche vedere cose che non finiscono mai, si può dedurre che i contorni finiti contengono spazi infiniti. È indispensabile anche spiegargli che più in là c'è l'infinità del suo nome, dei suoi pensieri, delle sue connessioni, delle sue amicizie e del suo amore; che tutti questi concetti sono correlati alla reale infinità del Mondo. E cioè l'educazione deve essere biologica – non una formale spiegazione di infinità solitaria, bensì una connessione: che l'infinità del Mondo provoca un'infinità d'amore. L'infinità del Mondo con tutte le sue stelle e galassie crea un'infinità di relazioni, del tipo – gentilezza verso i familiari, gentilezza verso il Mondo, verso le creazioni costruttive del Mondo – e questo aiuterà il bimbo a capire che le creazioni nel Mondo si basano anche sulla sua vita fisica. Creiamo un esempio concreto – guardando in distanza possiamo notare che la strada finisce dove l'orizzonte ne incontra un altro – l'orizzonte che si staglia dal mare si unisce ad un piano definito – per esempio – in questo modo il finito provoca l'infinito nel punto dove convergono alla visione fisica. Allo stesso modo i pensieri possono sboccare nell'infinito nel punto dove appaiono definiti.

Durante il terzo anno di età è necessario: **educare il bimbo al rispetto verso coloro che lo circondano. Egli deve sapere come correggere le persone attorno a lui, e deve essere in grado di stabilizzare gli atteggiamenti altrui in modo da spargere armonia tutt'intorno a lui.** Per poter ottenere questo bisogna fargli comprendere che ogni persona, è impegnata in qualche relazione, cioè, ogni evento accade in accordo con leggi specifiche, e il suo compito sarà controllare tutti questi eventi nel modo migliore per tutti. Per insegnargli il controllo mostrategli il seguente esercizio: posate la vostra mano su una superficie liscia e regolare (che può essere un tavolo o una sedia) e allargate le dita in modo che siano ben distanziate. La distanza fra dito e dito rappresenta gli eventi, mentre le dita sono tutte le persone che egli conosce, vede e ricorda che desidera armonizzare (se le persone sono parecchie basta immaginare tante dita) ora, il suo compito sarà di assicurarsi che la distanza tra le dita sia giusta e piacevole, in modo che ogni dito sia in posizione confortevole.

© Грабовой Г.П., 2000

In questo modo tutte le persone saranno incanalate verso la bontà, la gentilezza e potranno sviluppare la loro creatività. A questo punto lui dovrà semplicemente muovere le dita in su e in giù (mantenendole sempre ben distanziate) ed esercitare il controllo. Il tutto si può fare anche mentalmente.

Durante il quarto anno, è necessario spiegare al bimbo che: **esiste un feedback (retroazione) per ogni fenomeno.** Facciamo un esempio – se egli getta un sasso nell'acqua, tanto meglio se un sasso piatto, creerà delle onde concentriche che si allargheranno sempre più. Il sasso potrebbe anche aver fatto più salti e così aver creato più centri da cui partiranno più onde. Ora tutte queste onde, create da un solo sasso, interagiranno tra loro in vari punti e in vari momenti, anche i pesci sotto la superficie ne vedranno l'impatto e ne subiranno le conseguenze. Il feedback di questa azione è che i pesci spaventati, saranno costretti ad allontanarsi per evitare di essere colpiti, ma saranno comunque toccati dalle onde formatesi dall'impatto. Questo è un esempio molto semplice e facile per far comprendere al bimbo le conseguenze di un'azione. Quindi quando sarà in grado di cogliere i segni di un evento, sarà proprio attraverso questi segni, che egli potrà tracciarne il percorso fino all'origine, e cioè risalire a chi ha gettato il sasso e in che modo. Questo si chiama sviluppo dell'abilità di preveggenza tramite la chiaroveggenza, che in futuro conseguirà l'arte di guarire. La pratica di ricercare queste connessioni gli permetterà di trovare le cause e di eliminare le malattie. Inoltre a questa età è possibile dirgli che egli è in grado di rigenerare se stesso e altri, e potrà incoraggiare la stessa abilità in altre persone, tramite l'elemento mandatario che gli consente di trasferire questa conoscenza a terzi.

Durante il quinto anno d'età, serve fargli comprendere: **come funziona il Mondo se il desiderio di tutti è concentrato sul suo sviluppo armonioso.** Allora tutto il buono e il positivo che gli verrà inviato non potrà far altro che rendere questo sviluppo tale. Anche per lui questo deve diventare una priorità, allora ogni suo desiderio e azione lo conterrà. Per fare questo è indispensabile che egli osservi attentamente i suoi metodi mentali di pensiero, (e il Mondo può essere un buon punto

© Грабовой Г.П., 2000

di partenza) quindi, mantenendo sempre un atteggiamento di spirito gioioso, sarà possibile far sì che il percorso del Mondo segua una direzione positiva.

Nel sesto anno è necessario trasmettere al bimbo: **la conoscenza riguardante i suoi incontri.** Per esempio – quando deve presiedere a qualche riunione, o se nel tal luogo egli deve o non deve incontrare qualcuno – **tutto ciò che accade è correlato al Mondo (che è già stato creato) e al Creatore, niente è per caso.** Quando questi incontri avvengono egli deve vedere dove ci sono manifestazioni del Creatore, dove ci sono manifestazioni riguardanti l'immagine globale del Mondo, dove i fondamentali principi del Mondo contribuiscono alla crescita della vita adulta. In pratica, dove avviene la transizione dell'azione e della comprensione del Mondo e cioè: dove lo specifico allenamento ha luogo in forma d'informazione. **Egli deve comprendere il significato fondamentale del Mondo che segue queste specifiche azioni.** Spiegateglielo come ho fatto io tramite esempi di incontri, eventi, etc.

Nel settimo anno di vita il bimbo deve essere in grado, molto chiaramente e in modo determinato di: **esprimere come un evento è stato provocato dal punto di vista del principio fondamentale del Mondo.** Potete aiutarlo prendendo spunto dai miei seminari con esempi molto semplici, quali: un albero cresce dove c'è il giusto ambiente nutritivo, e questo viene fornito dalla terra, che a sua volta, come tutto ciò che esiste, è stata creata dal Creatore. Egli deve avere molto chiaro in mente come il Creatore ha creato tutto questo, perché così egli disporrà di un sistema. E per avere un sistema egli deve comprendere le connessioni – che sono – **che tutto quello che ha creato il Creatore può essere comunque ricreato in modo corretto.** Se, egli comprenderà questo sarà in grado di sviluppare a scuola, in termini di apprendimento, qualsiasi talento in armonia con l'idea creativa del Creatore, e cioè, **creare come è stato creato il Mondo.**

E qui finisce la prima parte del mio seminario, che va dal primo periodo di sviluppo del bimbo fino ai sette anni. La seconda parte di sviluppo di una persona va dagli otto anni ai quattordici anni.

© Грабовой Г.П., 2000

Nell'ottavo anno di vita è necessario trasmettergli: **la conoscenza sotto forma di letteratura a livello telepatico.** Cioè, che il Mondo è distinto, che ogni sua parte può essere indipendente, e che è possibile trovare connessioni tra gli elementi per ottenere nuove soluzioni. **Quindi è questo il principio per la ricerca di soluzioni completamente nuove.** Parlando in modo generale, per quanto riguarda questo sviluppo, è possibile, con il senno di poi, tornare indietro e spiegare telepaticamente a qualsiasi bambino, in qualsiasi parte del Mondo, che tutto ciò che si può fare mentalmente, si può fare anche fisicamente allo stesso tempo.

Durante il nono anno di vita è indispensabile fornire il bimbo: **di meccanismi per specifici esercizi e specifici compiti, in modo che egli possa collegare tutti i fenomeni della realtà in una forma di controllo o pilotaggio.** In pratica egli deve comprendere che il Mondo è controllabile attraverso la chiara, armoniosa metodologia di pilotaggio che lui già possiede. Per lui pilotare deve risultare facile come modellare l'argilla in modi diversi per ottenere profili diversi; deve diventare la sua impronta e la conseguente azione nella realtà. Per ottenere questo è necessario allenarsi molto con alcune realtà fisiche già accertate, in modo da mostrargli che, dal punto di vista del suo riflesso fondamentale sul Mondo, si può fare tutto usando la propria consapevolezza, senza dover ricorrere all'uso della forza fisica.

Durante il decimo anno di vita d'età il bimbo deve comprendere: **l'essenza dell'abbinare gli elementi che fanno parte della natura viva con gli elementi che in natura si diversificano; in questo caso l'essenza radicale proveniente dal comune obbiettivo di entrambi gli elementi.** Diciamo che un albero cresce per fornire ossigeno alla gente; mentre il terreno è lì in modo che le persone possano camminarvi sopra. Quindi sembrerebbe che un albero vivente generi ossigeno e anche il terreno esista allo scopo di generare la vita. È necessario mostrargli il principio che tutto si muove nella direzione della vita. A voi la scelta di esempi specifici adatti alla sua giovane età.

Durante l'undicesimo anno di età è necessario spiegargli che: **l'atto di evolversi creativamente e progressivamente, egli lo**

© Грабовой Г.П., 2000

svolge per costruirsi un futuro sistematico e stabile, e questo viene valorizzato dal fatto che tale sviluppo è sempre associato ad un accumulo di conoscenza. Mostrategli esempi precisi – egli è in grado di lavorare telepaticamente, egli può esercitare un certo controllo, e infine, una attività creativa apre nuovi orizzonti alla Creazione. In pratica, solo la Creazione è il principio di uno sviluppo del bimbo stesso. Egli non dovrebbe mai distruggere nulla.

A dodici anni bisogna fargli capire: **che ora, a tutti gli effetti egli è una persona adulta.** All'inizio egli osservava tutto dal punto di vista di uno sviluppo che lo ha già condotto ad uno stadio adulto, e questo suo sviluppo precedente non è in alcun modo diverso da ciò che avverrà nel suo stadio adulto. Chi viene considerato adulto all'età di dodici anni deve essere posto e concentrato in un punto combinato, dove non esiste alcuna sconnessione fra l'età precedente e quella successiva. In pratica, a dodici anni il bimbo deve essere consapevole del fatto che egli è uguale ad ogni altro elemento creativo della realtà, che egli ha davanti a sé un futuro infinito, che egli è gentile e felice e che per lui, tutto sarà sempre piacevole. A questo punto è indispensabile congratularsi con lui, gratificarlo con dei regali e cercare di creare una immagine del Mondo composta esclusivamente di luce.

A tredici anni egli deve avere chiara la comprensione del fatto: **che se usa in modo corretto e specifico la concentrazione del pensiero egli avrà dominio sul Mondo e la sua realtà;** che questa è l'età giusta per compiere queste azioni poiché tutto per lui è fattibile e indispensabile. **Il fatto che il pensiero può cambiare qualsiasi realtà deve essere per lui una reazione mentale automatica, e quindi egli è in grado di usare il pensiero come meccanismo di controllo.**

Ora a quattordici anni, il bimbo non è più considerato in crescita bensì una persona adulta, quindi è necessario enfatizzare il concetto che: **il Mondo può essere cambiato secondo il suo modo di pensare.** In pratica, il modo in cui egli pensa è il modo in cui il Creatore lo aiuta nello sviluppo, quindi egli deve provare una connessione organica con il Creatore. La deve percepire chiaramente, e deve sforzarsi a far sì che le sue azioni siano in

© Грабовой Г.П., 2000

linea spirituale con le informazioni provenienti dai desideri del Creatore per lui come persona.

***

In questo modo il secondo periodo raggruppa gli anni: otto, nove, dieci, undici, dodici, tredici e quattordici.

***

Ora il terzo periodo è caratterizzato dal fatto che sarà usato nei cicli di futuro infinito, introducendo un susseguirsi di coefficienti numerici. Per esempio: partendo dal ventunesimo anno, l'informazione sarà quella dei quindici anni, però, con la possibile aggiunta della concentrazione del numero quattro, etc.

***

Quindi per l'età dei quindici anni è importante che la persona: **percepisca la realtà come una specifica e prestabilita metodologia di controllo con conseguenze generalizzate.** Cioè, deve vedere che lo specifico ha una natura generalizzata e che dal generalizzato è possibile arrivare allo specifico; egli deve comprendere che da un qualsiasi piccolo segno è possibile cogliere una conseguenza o un passato importante. A quindici anni egli deve saper controllare e organizzare il futuro secondo le sue esigenze.

A sedici anni deve rendersi conto che: **il principio della vita è la comprensione mentale dello spazio-tempo dal punto di vista dei dati che lui ha appreso all'età di dodici, undici e addirittura a tre anni di vita.** In pratica egli deve osservare il tempo e lo spazio come ad una struttura a lui già familiare e correlata. Questa relazione, non dovrà più cambiare. Egli deve semplicemente "sentire" la crescita del suo corpo e della sua mente all'interno di questa sensazione, che gli servirà come piattaforma per poter accrescere uno sviluppo sempre maggiore, infinito. **A sedici anni egli deve vedere chiaramente l'immortalità della sua evoluzione.**

A diciassette anni, la persona deve: **accostarsi all'essenza di Dio come un'applicazione d'idee personali all'interno**

Sistema educativo di Grigori Grabovoi 33

della vita eterna. Deve comprendere che la sua vita e il suo sviluppo sono una sequenza di eventi stabiliti da Dio; egli è connesso a questi eventi tramite una personalità Dio-creata e deve sforzarsi verso il Creatore e le sue azioni. Le sue azioni personali dovranno essere "pensate" attraverso la deificazione della vita. Il suo sforzo e impegno verso la vita eterna, devono essere basati sulla tecnologia e metodologia apprese da bambino, e che applicherà da adulto – in pratica: **egli dovrà usare tutto ciò che ha imparato per portare a termine un evento – dovrà usare tutta la conoscenza a lui disponibile.**

A diciotto anni la persona dovrà comprendere che quando accade un evento egli ne è pienamente responsabile (sempre che lui ne senta la responsabilità effettiva). Cioè, qui deve operare in lui un potenziamento di visione personale, un suo sviluppo di criteri morali, per capire che a livello generale, agendo con il principio di autogestione, e se la cosa lo colpisce personalmente in modo profondo, egli ne diventa partecipe. In pratica: **per il bene dello spirito e dell'Anima, il controllo di specifici eventi deve basarsi su effettivi principi morali, che a livello di termini politici, devono essere allo stesso livello della creazione della vita in una società umana, o in qualsiasi altra società.**

All'età di diciannove anni la persona dovrebbe essere in grado di: **immaginare o addirittura individuare chiaramente tutti gli eventi futuri a livello di connessioni, o a livello di esito, e secondo lo scopo, essere in grado di modellare un'ideologia comportamentale.** In pratica egli deve saper fare tutto ciò che è necessario, tenendo in considerazione l'obbiettivo in un preciso livello di conoscenza – che il più delle volte può risultare latente e intuitivo, mentre altre volte il possessore ne è chiaramente consapevole.

All'età di venti anni la persona deve rendersi conto che: **la realtà può essere sempre controllata. Qualsiasi evento possa avere luogo, la realtà può essere sempre trasformata secondo i suoi desideri.** Quindi egli deve mantenersi calmo e determinato, deve dispiegare la luce, l'intelligenza e il benessere

© Грабовой Г.П., 2000

necessari allo scopo. Se, sarà in grado di mantenere questa posizione, egli sarà sempre in vantaggio e vincente; un faro per tutti coloro che seguiranno lo stesso percorso. E cioè un reciproco movimento in avanti e verso l'alto che conduce ad un benessere universale. Lui deve comprendere che si sono create le circostanze per cui un'enorme quantità di informazioni, riguardanti lo sviluppo dell'umanità dipenderà dalle sue azioni.

A ventuno anni deve sapere che: **tutto il futuro deve essere inserito all'interno della linea temporale che egli ha precedentemente impostato.** Un futuro infinito possiede infinite scadenze, quindi egli deve sforzarsi per realizzarle tecnologicamente. **Questo è l'anno in cui l'azione inizia.** La persona deve sapere che l'anno in cui inizia l'azione è l'anno che lo porterà nell'infinito. Anche se ciò è vero rispetto ad ogni precedente anno, questo lo spingerà avanti nel percorso dell'immortalità molto più velocemente. In questo modo è possibile aumentare la velocità di adattamento dello spirito allo sviluppo infinito tramite la concentrazione raggiunta fino ad ora.

***

Ora da questo momento in poi i periodi che si susseguono sono praticamente uguali al terzo periodo (dai quindici ai ventuno anni) e l'unica aggiunta necessaria è la concentrazione sul numero riguardante il periodo stesso, (il numero quattro). Poiché parliamo del quarto periodo che va dai ventidue ai ventinove anni, si procede come segue: all'età di ventidue anni è necessario concentrarsi sul numero quattro mentre si eseguono gli esercizi suggeriti per i quindici anni di età; e questo vale per tutti gli altri anni. A ventitre anni ci si concentra sul numero quattro e si eseguono gli esercizi del sedicesimo anno. A ventiquattro anni si fa la concentrazione sul numero quattro e gli esercizi del diciassettesimo anno, e così via fino al ventottesimo anno d'età incluso, dove oltre a concentrarsi sul numero quattro si eseguiranno gli esercizi del ventunesimo anno d'età.

***

Ora proseguiamo facendo un esempio per il quinto periodo, e cioè dai ventinove fino ai trentacinque anni inclusi. Servirà

© Грабовой Г.П., 2000

semplicemente concentrarsi sul numero cinque e ripartire di nuovo a ventinove anni, dall'esecuzione degli esercizi dei quindici anni e via così. Questo è una specie di sistema all'infinito basato sui numeri che può eventualmente sviluppare un altro aspetto speciale – è possibile variare i numeri, per esempio – quattro può essere convertito in due+due, cinque può diventare tre+due, e quindi concentrarsi su queste combinazioni.

Riepilogando:

1° periodo – da uno a sette anni.
2° periodo – da otto a quattordici anni
3° periodo – da 15 a ventuno anni
4° periodo – da 22 a ventinove anni
5° periodo – da 30 a trentasette anni
6° periodo – da 38 a quarantacinque ecc. ecc

Ora, si possono dare altre tinte ai numeri, come si possono ricevere sfumature guida significative dai numeri. Il principio qui è molto semplice: Concentrandoci sulla metodologia che ci è stata fornita dall'età dei quindici anni, è possibile sviluppare un metodo completamente nuovo scomponendo i numeri, per esempio: nel periodo di concentrazione sul numero quattro, possiamo quadruplicare le potenzialità amplificandolo, estendendolo o dettagliandolo in modo da assegnargli un suo particolare significato.

A questo livello educativo, questo specifico ciclo educativo può essere eseguito da qualsiasi persona, a qualsiasi età, trasferendo mentalmente questi insegnamenti su se stessi, o su qualsiasi altra persona. In questo modo è possibile per chiunque svilupparne la struttura ripristinando in tal modo il lato spirituale degli aventi bisogno, con anche la possibilità di curarne le malattie. La pratica di questo sistema si rivela quindi un sistema di pilotaggio universale, che può essere usato sia direttamente che indirettamente. Serve indirizzare le connessioni in modo che esse conducano a specifici risultati nel Mondo reale. Facciamo un esempio: – qui c'è una persona che desidera apprendere il mio sistema educativo – lo può fare in tempo reale, o è possibile

© Грабовой Г.П., 2000

farlo da qualsiasi punto temporale o addirittura ad una età più grande della sua (spostandosi dall'infinito negativo all'infinito positivo sulla linea del tempo). In effetti è possibile ottimizzare il futuro in questo modo; poniamo il caso che la persona abbia diciotto anni e non abbia mai avuto a che fare con un sistema educativo come questo e ora debba fare tutto da solo – **egli deve semplicemente trasmettere a se stesso tutti questi pensieri che partono addirittura prima della sua nascita.** Questo può essere fatto per qualsiasi persona, un nonno o un parente più giovane, per amici più giovani o più vecchi etc. È possibile lavorare in tempo reale. Per ogni livello – ossia ogni anno – la persona può sviluppare una sua metodologia partendo dalla base dei metodi da me suggeriti, ottenendo così criteri indipendenti. Lo sviluppo di una base metodologica può assumere qualsiasi forma, l'importante è aderire alle direttive metodiche originali. Poniamo il caso che sia necessario imparare una lingua straniera in breve tempo – serve ricevere l'educazione in accordo con le armonie del Mondo, in accordo con le strutture creative del Mondo, di rivedere e ripensare alla passata educazione ricevuta in accordo con le leggi fondamentali del Mondo. È possibile usare questo sistema conformandolo alla conoscenza che già possediamo, possiamo usarli insieme, oppure lo possiamo usare come sistema singolo etc. Avendo uno spirito ben sviluppato, e avendo la capacità di ricevere informazioni, non è necessario usare i libri per imparare a esercitare il controllo – è possibile studiare in modo indipendente e avere tutte le risposte e tutti i segni necessari per conoscere in anticipo gli eventi. La capacità di materializzare ci permetterà di ottenere tutto, fino ai testi già scritti. Quindi, ciò che qui si sottintende come educazione, è un'educazione dove l'Anima può costruirvi intorno la necessaria sequenza di eventi, associata a numeri orientati verso l'Anima stessa. In pratica questo sistema educativo può essere usato per guarire malattie. Per esempio – se nell'imparare a capire un sistema, le connessioni armoniche non sono tenute in considerazione – cioè, la natura fondamentale dell'organizzazione cognitiva, informativa o dell'azione educativa, viene cambiata nelle cellule causando la malattia – attraverso la chiarificazione, la telepatica trasmissione a se stessi o a qualcun'altro, è possibile riprendersi dalla malattia stessa. Se invece si tratta di eventi, è possibile

© Грабовой Г.П., 2000

migliorare l'esito attraverso un'armonizzazione intelligente e attraverso un punto di vista più sviluppato rispetto a quello del resto del Mondo. In pratica il nostro autosviluppo, in questo caso, servirà come canone di controllo, e la normalizzazione del nostro stesso sviluppo provvederà ad azionare un controllo appropriato anche nel caso non facessimo nulla. Per esempio – se dobbiamo passare un esame, eseguire una qualche azione, ricevere qualcosa di buono – è possibile influenzare l'ottimizzazione dell'evento stesso semplicemente vivendo armoniosamente secondo il sistema che io vi ho mostrato e cioè: **voi siete la vostra informazione,** quindi il nostro evento, in ogni caso, non può che risultare positivo per noi. Secondo la formazione degli eventi, incluso il ripristino della nostra stessa salute e la salute degli altri, questo risulta essere il giusto orientamento nel Mondo dell'informazione, la corretta comprensione delle leggi del Mondo e la corretta comprensione delle leggi dell'universo.

Questa educazione fornisce la capacità di avere tale comprensione originale sul perché il Mondo sia organizzato in questo modo, perché le cose nel Mondo accadono in questo modo, come mai gli eventi sono connessi l'un l'altro in questo modo e non in un modo diverso, e rende possibile scoprire nuove connessioni, sviluppare propri metodi e sistemi di redenzione, in modo da proseguire lungo il percorso di vita eterna all'interno del Mondo fisico che raggruppa in sé, sia il Mondo spirituale che morale.

Durante l'educazione possono sorgere speciali leggi morali, poiché essa è l'impeto che fornisce la stabilità eterna, quindi una corretta educazione implica stabilità per sempre, perché nasce da un'idea di Dio. **Perché, il Creatore – Dio – ha creato il Mondo in modo che la comprensione e la conoscenza di esso generasse nelle persone, il rispetto per la sua idea di eternità;** in pratica ciò che riceviamo e vediamo diventa l'educazione stessa. Ecco perché impariamo da ciò che facciamo. Quindi se si considera l'educazione come formazione di evento, dal punto di vista del livello base del Mondo, si avrà sempre uno strumento di pilotaggio e l'educazione sarà sistematica e non conterrà inaspettati e inutili componenti, o azioni a noi non necessarie. Pertanto quando parlo di educazione, io intendo che questa educazione deve creare un sistematico livello ottimizzante di evoluzione – quando si è in armonia con un Mondo in con-

© Грабовой Г.П., 2000

tinuo sviluppo, si devono comprendere le connessioni e sforzarsi contemporaneamente di sviluppare un Mondo diretto verso la felicità universale, la creatività, e allora si arriverà all'azione nel futuro già come valore conosciuto. Questo è il metodo di come la conoscenza del futuro è generata; la conoscenza di un futuro che ci permette, prima di tutto, di essere preparati per qualsiasi evento, e poi di controllare questo evento. In effetti l'educazione è in grado di fornire una reale informazione riguardante il futuro che ci permetterà di ottenere lo status da noi selezionato, adeguato alla nostra natura originaria, essenza ed educazione dal punto di vista della conoscenza di connessioni base, in modo da assicurarci l'eredità garantitaci dal Creatore. L'educazione è la nostra individualità. Riceviamo ciò che il Creatore ci fornisce in forma di pensiero, in forma d'informazione, in forma di sviluppo. Quando notiamo come essa ci viene fornita, secondo quali leggi educative sono state costruite nella nostra percezione, e come sono state formate le connessioni con essa, si ottiene una completa personalità che abbiamo sempre desiderato in accordo con il disegno di Dio. L'individuo che riceve una giusta e armoniosa educazione, un'educazione contenente le fondamentali leggi del Mondo, si evolverà sempre secondo le leggi elargite dal Creatore. E sarà l'evoluzione di una vera personalità, che avendo rivisto i processi informativi di tutto il Mondo in termini spirituali e fisici, dal punto di vista del Creatore, otterrà un reale sviluppo di informazione e conoscenza di soggetti profondi, non solo a livello scientifico o di alcuni elementi, ma dal punto di vista della massima autorità veritiera che segue il disegno del Creatore, contenente la Sua reale conoscenza Divina. In questo modo si riceverà una giusta e vera educazione basata su un livello fondamentale di conoscenza del Mondo, che significa anche il controllo reale sul Mondo informativo, e cioè, controllo su qualsiasi parte del Mondo in accordo con l'idea originaria donataci dal Creatore di una personalità libera e indipendente.

© Грабовой Г.П., 2000

Grigori Grabovoi

REALIZZAZIONE DELLA FELICITÀ E GESTIONE DEL TEMPO SECONDO L'INSEGNAMENTO DI GRIGORI GRABOVOI

L'INSEGNAMENTO DI GRIGORI GRABOVOI SU DIO
REALIZZAZIONE DELLA FELICITÀ

Seminario tenuto da Grigori Grabovoi il 5 maggio 2004

SEMINARIO ANIMATO DAL DR. VIATCHESLAV KONEV
Lettera di raccomandazione ed invito

Viatcheslav Konev ha partecipato ai miei numerosi seminari, gli ho inoltre impartito dei corsi specializzati individuali, per i quali ha raggiunto un alto livello. La sua buona esperienza pratica gli permette di trasmettere le conoscenze relative al mio insegnamento in modo chiaro ed accessibile agli ascoltatori. Di conseguenza, lo raccomando come insegnante per animare i seminari di tre giorni organizzati da "Les Editions Saint-Germain-Morya Inc." in Canada e in Francia, sui seguenti temi: l'Edificazione della Felicità, l'Insegnamento sull'Amore, la Gestione del Tempo, il Ringiovanimento, l'Insegnamento sullo Spirito, la Struttura fondamentale dell'Universo ed altri soggetti. Le sue inconfutabili competenze nell'applicazione delle tecniche della salvezza e dello sviluppo armonioso, i risultati perfetti che Konev ha ottenuto formando numerose persone di diversi paesi, permetteranno ai partecipanti ai seminari di assimilare rapidamente ed efficacemente l'insegnamento.

Cordialmente,
Grigori Grabovï

REALIZZAZIONE DELLA FELICITà

Il tema del seminario di oggi è l'insegnamento su Dio, e in particolare, la realizzazione della felicità che in effetti, è il senso che deve prendere il pilotaggio della realtà.

In verità tutto il mio insegnamento è consacrato alla felicità Divina, perché Dio è la felicità stessa. Parlando della realizzazione della felicità, bisogna esaminare il seguente aspetto: ogni atto di felicità è ispirato da Dio, Creatore dell'uomo, che ne vuole solo la sua felicità. Quando l'uomo comprende i processi dell'azione Divina adotta le tecniche di pilotaggio della realtà per raggiungere la felicità.

L'aspirazione dell'uomo a Dio lo sospinge a creare una tecnologia di individuazione della felicità Divina. Succede che Dio a volte sia abbastanza vicino, a volte molto vicino all'uomo. Tutto dipende dalle dimensioni del compito al quale è associata la sua azione felice. Per alcuni è l'auto-guarigione, per altri – la realizzazione di un evento benefico, etc.

La presenza dinamica di Dio si manifesta quando si vuole diffondere le conoscenze sull'azione mirante alla felicità. Saper trasmettere le sue tecniche vuol dire essere in contatto con Dio. Ad esempio – quando Dio rivela la sua felicità all'uomo, costui sente e vede la sua Anima felice, in quel momento realizza che per raggiungere l'eternità ed evolvere all'infinito, deve aver padronanza delle tecniche di realizzazione della felicità, ponendosi al livello Divino. Essendo in perpetua evoluzione, l'uomo deve sentire la stessa cosa che provava Dio al momento della Sua creazione, e in qualche modo sentirsi proiettato nella sua luce originale. Se riesce ad utilizzare le tecniche per espandere i raggi Divini su se stesso, ritrova la perfetta salute. Rischiarati da questa luce, gli eventi non prendono risvolti negativi per lui: l'uomo li vede con lo sguardo di Dio, vede l'armonia e l'unità

© Грабовой Г.П., 2000

in ogni cosa. Nello stato di felicità Divina, egli può penetrare la loro struttura.

Quando a partire da qui, l'uomo comincia ad abbracciare il suo futuro, vede affluire delle immagini sovrapposte. Come si può allora distinguere ciò che viene da Dio, da quello che viene generato dalla vostra conoscenza inesatta del livello Divino? Prima di tutto è importante trovarne il criterio, che è in effetti il principio della felicità. Le immagini pilotate dall'esterno che vi vengono da Dio, sono sempre sferiche. Non ci sono sistemi o figure piatte. Quando, durante il pilotaggio del vostro avvenire, percepite delle immagini in rilievo, multidimensionali o tridimensionali, sappiate che siete al livello della felicità Divina. Dio vi conosce sempre secondo il vostro livello di felicità, e voi cercate di arrivare alla stessa conoscenza. Conoscenza che non è più soltanto grazie al vostro legame spirituale con Dio o agli atti della vostra Anima, ma voi progredite anche utilizzando delle tecniche appropriate.

In genere la conoscenza si avvale di tecniche di supporto, supponete che state leggendo il libro di Dio contemporaneamente a Lui, cercando di comprendere ciò che sa di voi, il principio tecnico è semplice: qualunque informazione orientata verso la creazione rappresenta la felicità di Dio. Ciò riguarda tutti i livelli. Prendiamo ad esempio un foglio di carta con un testo scritto sulla sua superficie piana, l'occhio di Dio percepisce questo testo in rilievo, per lui è multidimensionale, il passato e il futuro si realizzano nello stesso momento. È in questo modo che Dio esprime la sua felicità.

Quando vedete la felicità Divina in ciascuno dei vostri gesti quotidiani, vi rendete conto che la vostra vita è impregnata dall'impulso di Dio. Questo cammino può aprirsi davanti a qualsiasi essere umano. Le situazioni che all'uomo sembrano senza via di uscita, non lo sono mai per Dio, che può pilotare la struttura del pilotaggio.

Per essere veramente ad immagine di Dio, l'uomo deve agire e rivelare la sua felicità alla stessa velocità impiegata da Dio. Dio

© Грабовой Г.П., 2000

conosce se stesso attraverso l'azione felice diretta verso l'uomo. Inoltre ricevere di ritorno un impulso felice Gli serve come criterio della Sua Azione. Per esempio – concede la salute all'uomo e costui prova felicità. Ed è giusto. A Dio è sufficiente vedere il livello di felicità, fosse anche di un solo essere umano, per valutare la stabilità e la prosperità dell'intera società. Questo mezzo diagnostico, molto potente, è valido per i sistemi di pilotaggio globale.

Vi basta individuare la struttura di una sola persona felice, per controllare un processo sociale o un fenomeno della natura. Per esempio – scorgete qualcuno che resta illeso dopo una tempesta. Comprendete a livello dello spirito non si è prodotto niente di grave: lo spirito concepisce la realtà fisica allo stesso modo in cui lo fate voi utilizzando la logica. Su questo piano, l'azione dello spirito e quello della logica umane sono congiunte. Infatti traducete la conoscenza logica in azione spirituale. Dio fa lo stesso quando traspone la logica a livello dello spirito, il livello dell'Anima a livello dello spirito, etc. Se nessun essere del sistema dato, ha potuto raggiungere la felicità Divina, potete introdurre questo livello, effettuando un pilotaggio in questo modo, equilibrate l'insieme del sistema con un solo impulso di felicità; la tempesta non raggiunge le terre abitate e non mette in pericolo delle vite umane. Il pilotaggio attraverso la felicità, con un semplice impulso, è un potente sistema di gestione.

In fondo l'essere umano non è felice quando si confronta a dei problemi. Se vuole essere felice, deve rivolgere il suo sguardo verso Dio, perché la vera felicità è quella di Dio. Certamente, si può affermare di essere più o meno felici, secondo i propri criteri di felicità, ma la felicità data da Dio è universale. È così e non altrimenti il cammino verso Dio, è ineluttabile, ed esige di mettere le tecnologie al servizio della creazione. Nelle tecnologie della felicità, il vostro movimento verso l'esterno, tramite il pilotaggio e allo stesso tempo diretto verso di voi, è il movimento del pensiero e dell'impulso Divini.

Se qualcuno ha disturbi psico-fisici oppure ha dei problemi da molto tempo, è importante capire la struttura dell'intervento

© Грабовой Г.П., 2000

Divino, affinché egli auto-guarisca. In caso di urgenza, per evitare qualsiasi catastrofe, dovete agire subito. Per farlo, bisogna formare una sfera della felicità Divina al livello del vostro cuore, e tramite il pensiero, inviarla a fianco dell'oggetto in questione.

In situazioni estreme, non si ricercano indizi di felicità, si introduce un esito felice. La soluzione concepita da voi e quella del problema, appaiono come due sistemi messi in equazione, così come la felicità dell'uomo e quella di Dio, sono due sistemi che si accordano per assicurare la salvezza universale. La vostra idea di esito felice è sufficiente a controllare la situazione. Questa conoscenza è trasmissibile a chiunque e dovunque.

Qualcuno che si trovi a bordo di un aereo, pur non conoscendovi, può essere salvato da uno schianto aereo, perché gli avete inviato una sfera della salvezza. Del resto, per proteggere il volo di un aereo guasto, bisogna circondarlo di svariate sfere di questo tipo. Per aiutare qualcuno a seguire il giusto cammino, per esempio – l'evoluzione eterna, potete mettere delle sfere della felicità Divina intorno al corpo fisico della persona.

Scoprirete numerose tecniche che vi permetteranno di vedere l'altro, sia con i vostri occhi fisici che con il vostro occhio interiore. Vedrete che la vostra felicità è un elemento della felicità vera, perché siete intimamente collegati all'Anima di Dio, alla sua personalità. Siete al livello in cui Dio si manifesta attraverso l'Anima, lo spirito e un corpo fisico. L'azione di Dio appare come vostra. Capite che l'azione felice di Dio, è il vostro cammino. Quando seguite il giusto cammino, quello della perpetua evoluzione, per Dio avete compiuto una azione felice.

Quando cominciate ad avere accesso alle conoscenze, che vengono da Dio, ma che sono quelle che avete acquisito, scoprite il vostro cammino personale. Comprendete che Dio vi dà le conoscenze che sono in rapporto con il compito che voi solo potete assolvere. Vedendo questo livello, vi rendete conto che Dio vi dà sempre le conoscenze che vi permettono di evolvere eternamente nella felicità.

© Грабовой Г.П., 2000

Penetrando questa struttura delle conoscenze, vedete che ogni cosa, ogni atto di questo Mondo risulta dall'azione di Dio, e allo stesso tempo da quella diretta verso di lui. Per esempio – vedete lo schermo di un computer con i vostri occhi fisici, Dio lo vede dallo spazio interiore. Vede tutta l'informazione che questo oggetto contiene, e quando il vostro pensiero si avvicina a quello di Dio, capite il vero senso dei vostri rapporti con il computer. Certamente sapete che lo può utilizzare per digitare un testo o navigare in internet. Essendo un valore infinito, l'uomo può imparare ad agire come Dio nell'eternità. La sua evoluzione infinita nel tempo, nel Mondo degli oggetti informati, deve essere armoniosa. In nessun caso il progresso tecnico deve perturbarla. Ma, miriadi di azioni si producono nell'universo. Si può essere sicuri che l'uomo, giunto alla padronanza totale in molteplici millenni, non subirà gli effetti nefasti di un evento meteorologico, di un uragano, per esempio? Ciò è possibile solo se comprende l'interdipendenza delle cose, dei fenomeni, e prima di tutto degli uomini.

In linea di massima non esistono problemi tra gli esseri umani, per quanto ciò possa sembrare paradossale. Creati ad immagine e somiglianza di Dio, non possono farsi consapevolmente dei torti gli uni con gli altri, almeno sul piano della felicità Divina. Il pericolo può venire dagli oggetti informati esterni, in quanto essi non sono controllati nel corso della creazione del Mondo. Attraverso la sua essenza, l'Anima umana contiene tutte le conoscenze, ma l'intelletto non sempre le comprende, o sono mal utilizzate. Possono essere introdotte là dove sono assenti, grazie alle tecnologie dello sviluppo perpetuo, come se le si prendessero da un libro.

Dovete capire come Dio acceda al processo del controllo della realtà. Le macchine non rappresentano alcun problema per la Sua evoluzione. Egli controlla la realtà con la Sua presenza, con la sua azione e l'uomo deve avere lo stesso rapporto con le cose che costruisce con le proprie mani.

Se parlando dello sviluppo perpetuo, si parte dal principio che lo spazio esteriore è chiuso, attraverso un'estrapolazione

© Грабовой Г.П., 2000

immaginaria, si giunge alla conclusione che sarà invaso da una tale quantità di oggetti, che l'uomo non avrà più lo spazio per circolare. Dunque, per poter evolvere su questo piano, l'uomo deve essere felice e in pieno accordo con gli altri elementi dell'universo, con l'informazione esterna. D'altronde per indurre un processo di auto-guarigione in qualcuno, per armonizzare un grave disturbo psico-fisico, bisogna saper sgomberare lo spazio intorno a lui. Ciò vuol dire fluidificare il passaggio dello spirito, che opera in quel dato momento.

Parlando delle vere tecnologie dello sviluppo perpetuo, bisogna dire che la felicità consiste nell'agire simultaneamente sui piani: fisico, spirituale e dell'Anima. La nozione di felicità è sopratutto legata all'Anima, e al tempo stesso all'uomo e a Dio. Anche se per l'uomo Dio è altrove, in un determinato momento sono insieme nella felicità, perché le loro Anime sono felici.

Di conseguenza, la vostra azione deve essere diretta verso il Mondo materiale, dove un terzo livello s'impone, quello della spiritualizzazione degli oggetti. L'uomo non deve vederli solo con i suoi occhi fisici, ma con la sua Anima, il suo spirito, la sua coscienza, con tutta la struttura della sua personalità. In altre parole, deve considerare uno schermo di computer al livello delle sue molteplici connessioni interne e deve saperle controllare a partire da lì. Al livello della felicità, le azioni dell'uomo e quelle di Dio coincidono. Evolvendo verso Dio, l'uomo pilota gli oggetti. È ciò che accade al primo livello di approssimazione. Al livello seguente, quello della felicità vera, egli acquisisce la precisione nei suoi pilotaggi, poiché esistono dei sistemi che non tollerano errori, bisogna agire subito in modo sicuro. Nel pilotaggio tramite la realizzazione della felicità, qualunque approssimazione sarà un'azione precisa.

C'è un parametro straordinario: l'uomo, creato ad immagine e somiglianza del Creatore, ha la facoltà di non sbagliare. Se commette un errore, non proviene per forza da lui, è probabile che sia causato da qualche struttura esterna. L'uomo deve semplicemente imparare a interagire con l'universo, con una variabile autonoma, chiamata a risolvere i suoi compiti, egli deve distin-

© Грабовой Г.П., 2000

guere i suoi limiti tra sé e il Mondo esterno, agendo questa volta a livello spirituale e non fisico. In quell'attimo, vedrà che il suo corpo fisico è illimitato, certo si tratta sempre dello stesso corpo, ma che ha una costante di luce. Questa luce è di natura infinita, ed è emanata dal corpo dell'uomo. Quindi, la struttura del corpo umano comprende la Luce originale, che va verso l'uomo, e la luce Divina da lui emessa. Questa luminescenza permette al corpo di evolvere eternamente. Gli spazi infiniti dell'eternità si dispiegano davanti a lui.

Visto a livello dei legami tra queste variabili fondamentali della realtà esterna ed interna, l'uomo appare come una variabile infinita. L'occhio umano può percepire l'infinito, è come una pressione della luce emessa dal corpo umano. Quando entrate in questa fase di pilotaggio, potete armonizzare qualsiasi disturbo psico-fisico, sormontare qualsiasi situazione, poiché l'uomo ha la facoltà di evolvere eternamente, compreso a livello fisico. A livello dello spirito, si evince chiaramente che l'uomo è dotato di un sistema d'evoluzione infinita, che è felice per essenza, poiché Dio l'ha creato nella felicità.

Quando cominciate ad avvicinarvi a questa verità originale, arrivate a ristabilire dei processi fisiologici, a migliorare la vostra salute o quella degli altri compiendo dei semplici gesti quotidiani. Comincerete a vedere che anche gli oggetti della realtà irradiano la luce della felicità. Che è emanata in primo luogo da voi. Vedrete il rapporto tra la vostra felicità e ogni oggetto informato. Sapete che alcune persone sono legate ad un oggetto o ad un animale, che procura loro costantemente della felicità, proveniente sopratutto dalle stesse persone. Ripeto che l'uomo è un sistema assolutamente singolare, originalmente infinito, che costituisce naturalmente una fonte di felicità per gli altri.

Dunque, cos'è che genera delle cattive azioni in questo sistema inizialmente concepito nella felicità e per la felicità? Qui parlo della realizzazione della felicità in quanto elemento del pilotaggio della realtà. Quando gli uomini lo comprenderanno e compiranno delle azioni felici nel campo delle tecnologie, non lasceranno a qualcun'altro la possibilità di agire in modo nefasto.

© Грабовой Г.П., 2000

La felicità è una variabile infinita in confronto all'azione. Poiché Dio si manifesta a tutti i livelli informati, allora potete individuare un'azione felice da parte sua riguardante qualcuno. Pilotando in questo modo la realtà, aggiungete semplicemente della felicità alla vita di questa persona.

L'insieme del mio insegnamento è fondato sull'idea che ogni azione diretta verso la salvezza universale porta l'uomo al livello di conoscenza successivo che gli permette di raggiungere la felicità personale. Quando si lavora a questo livello con le tecniche, cosa bisogna fare per essere felici e rendere l'altro felice? Ammettendo che l'uomo abbia esaurito tutte le risorse possibili, ad esempio a livello professionale, cosa deve fare a questo punto, per continuare ad evolvere? Deve solo modellare la sua struttura di felicità utilizzando le tecniche e agendo come Dio, che può fare tutto, che controlla qualunque cosa in ogni momento, e che fa della Sua creazione un elemento della felicità. Dio crea la felicità, mentre l'uomo la modella. È qui che si vede la differenza tra Dio e l'uomo in azione, perché essa non esiste, almeno sul piano dell'evoluzione eterna, questo modellamento della felicità deve prendere la forma della creazione della felicità per gli altri.

È chiaro che l'uomo, in quanto struttura informata ed informante, si manifesta prima di tutto socialmente. Assicurare lo sviluppo delle generazioni, il progresso delle civiltà e dei compiti primordiali della società. Ciò comporta che l'uomo possa evolvere solo in società, perché il suo destino è di creare anche la felicità degli altri per essere felice. Si può dire che durante il pilotaggio si crea un oggetto informato, dunque la creazione della felicità è una nozione generalizzata: l'uomo è veramente felice anche quando l'altro lo è.

Di conseguenza, la felicità universale, la resurrezione, la prosperità su scala planetaria fanno parte dei compiti che l'uomo è chiamato a compiere. Si avvicina a Dio quando è capace di creare. In questo caso, per creare deve utilizzare delle tecniche di pilotaggio benefiche per tutti. Notate che le azioni felici sono di ordine superiore rispetto ad azioni benefiche, perché mirano a conoscere Dio nel Suo atto particolare.

© Грабовой Г.П., 2000

A chi interessa Dio in quanto persona? Ad esempio – Dio ha assegnato dei compiti ad un uomo, che li ha capiti in seguito, questo uomo vuole vedere quali sono gli interessi individuali di Dio. Può ottenere questa informazione se entra in interazione con Dio a livello della felicità. Se per esempio – questo uomo è un pescatore, supponiamo che anche Dio lo sia, allora può studiare il modo in cui Dio prende il pesce, ciò che ne fa. Scoprire i compiti individuali di Dio, è scoprire la strada della felicità, e allo stesso tempo, il cammino felice dell'uomo.

La strada della felicità è una specie di volume d'informazioni; e le informazioni, appaiono spesso all'uomo come un tappeto volante. Il tappeto volante si è srotolato e l'uomo è volato via. Molto pratico vero? Non si tratta di un tappeto banale, ha dei vantaggi. Questa via vantaggiosa si disegna chiaramente davanti all'uomo. In realtà egli possiede sempre questo tappeto volante, sopratutto durante la sua infanzia. Può scegliere quello che gli conviene, il problema è che non tutti scelgono la via della felicità. È una questione di scelta personale, a livello della felicità non ci sono tre o più cammini, c'è solo una via. Se l'uomo rifiuta di seguirla, lo fa sempre coscientemente, a livello dello spirito. Quando intraprende questo cammino, tutto finisce bene per lui; se invece se ne allontana, non vuol dire che la sua scelta sia sbagliata, in quanto Dio lo ha dotato del libero arbitrio.

Per far si che il vostro cammino sia felice ad ogni tappa della vostra evoluzione, dovete riprodurre il livello che Dio vi dà. È come se dispiegaste il vostro tappeto personale. Allora, il tappeto esteriore, dato da Dio, è il vostro cammino di apprendimento. Imparate il funzionamento di questo modello, poi ne fate la proiezione del vostro sistema di pilotaggio. Oltretutto, è una operazione molto semplice nell'ottica fisica, dunque, la via della felicità, che Dio srotola davanti all'uomo, esiste da sempre, in fondo, l'uomo segue i suoi cammini, ragion per cui, ha accesso a molte informazioni e può pilotare la sua realtà.

Lo sviluppo della propria struttura della felicità, riprodotta al meglio in azione, permette all'uomo di conservare la sua libertà e di agire in maniera felice per se stesso e per gli altri. Ma, creare

© Грабовой Г.П., 2000

la felicità per un'altra persona è una missione singolare poiché si tratta prima di tutto di un obbiettivo intimo. Comprendere ciò significa catturare ciò che Dio vuole per questa persona: è felice quando adempie il compito che Dio le ha confidato. Dunque, comprendere questa missione, vuol dire penetrare nelle profondità della sua Anima.

Per aiutare realmente qualcuno, occorre capire la sua azione, tuffandosi fino in fondo all'Anima, là dove risiede la pace interiore. In stato di quiete, niente può perturbarlo. È così che Dio agisce: quando si avvicina all'uomo, questi ritrova la pace interiore. Allora appare l'uomo in azione, certamente Dio a volte gli concede le conoscenze, alle quali reagisce emozionalmente. Non parlo qui della calma psichica, ma della pace legata all'azione. È la pace che si propaga all'infinito, è quella luce emanata dall'uomo. Il corpo dell'uomo che compie delle azioni felici è un elemento della felicità. L'uomo riproduce un elemento della felicità del suo corpo. Il suo corpo in azione è la felicità.

Quando l'uomo giunge a questa comprensione intima del suo corpo, si rende conto che può vivere eternamente, che ne ha le risorse interiori e che è grazie a questa coscienza felice che le realizza. Si tratta di un nuovo principio di comprensione, è la comprensione dell'azione che garantisce l'avvenire all'uomo. La struttura del pilotaggio per definizione e la realizzazione della felicità a livello sociale conducono l'uomo all'eternità.

In effetti, più numerosi sono quelli che raggiungono la felicità, più stabile è il cammino di ciascuno, questi possono essere paragonati ai molteplici segnali riflessi dei tappeti che Dio srotola davanti all'uomo affinché egli possa ricavare la propria via di felicità. Inizialmente, Dio ha offerto la felicità all'uomo, ma il libero arbitrio di quest'ultimo, lo spinge a scegliere il suo cammino, lungo il quale impara commettendo degli errori. Allo stesso tempo, l'uomo crea delle tecnologie che mirano alla felicità di persone concrete, per esempio – nell'ambito della salute. Più ci saranno persone auto-guarite, più grande sarà la sua ricompensa, sarà lo stesso per ogni azione benefica dell'uomo.

© Грабовой Г.П., 2000

Allora, ogni atto di creazione è un elemento della felicità, espressa in forma lineare, i sistemi di creazione complessi diventano semplici: è il livello della felicità dell'uomo. Può essere alto o basso. Per esempio – una società possiede molti edifici, o tecnologie, ma bisogna valutarne il livello di felicità. Prendiamo una scala di valutazione da 0 a 10, o anche da 0 a 1. Supponiamo che 0,75 sia un buon valore. È un metodo universale che si può utilizzare per valutare qualsiasi edificio, qualunque sistema del futuro; è come se leggeste un termometro: vedete la colonna verticale ed i gradi della graduazione. Il tratto al quale sale nella colonna, corrisponde al tetto della felicità del sistema.

Se questo livello di felicità non arriva al 50% ci sono dei problemi nell'edificio, un muro lesionato etc. Ciò non riguarda solo gli edifici: potete applicare questo metodo per controllare la salute, in questo caso, bisogna assolutamente fare ricorso alla felicità divina. Il livello di felicità della persona è un criterio di diagnosi, e passate direttamente al pilotaggio. Gli apportate tutta la felicità necessaria, senza preoccuparvi della diagnosi, purché la persona sia in buona salute.

Il livello di felicità dell'uomo è l'indicatore del progresso sociale e tecnico. Se i contorni dell'azione felice dell'uomo e di quella di Dio coincidono, si possono evitare le guerre. Solo l'uomo è capace di farlo.

Perché l'uomo può salvare il Mondo da una catastrofe planetaria? Per il fatto che, quando accorda la sua azione a quella di Dio e la focalizza in modo adeguato, Dio non permette lo svolgimento di eventi negativi. Secondo il suo disegno, la realizzazione della felicità inizialmente da lui concepita, spetta solo all'uomo. Gli elementi della felicità sono ovunque presenti nel Mondo: tocca all'uomo di riconoscerli e utilizzarli a buon fine. La felicità tocca tutti i livelli, le profondità inaccessibili per lei non esistono. Se da qualche parte appare una struttura minacciante la vita, che si propaga come una massa di informazioni, si possono lanciare dei ponti di felicità lungo il suo passaggio, in tal modo si attenua la minaccia che a poco a poco scompare, inoltre si trasforma in un'azione felice per essa stessa, il vostro

© Грабовой Г.П., 2000

pilotaggio, le permette di compiere la propria missione conforme all'idea di Dio, e a volte, questo succede molto rapidamente.

Ogni oggetto informato ha il proprio livello. Nella sua evoluzione l'uomo è chiamato a creare, ma non deve essere annientato. Per salvare l'intera umanità, occorre trovare il culmine della felicità per gli oggetti che si manipolano, la felicità, tra virgolette, di questi ultimi è possibile. Allo scopo di evitare l'esplosione di una centrale nucleare, bisogna proiettarsi nella struttura atomica. Controllato – l'atomo rivela la sua riserva di stabilità evitando qualunque reazione nucleare. Non è detto che qualcuno al vostro fianco noterà la vostra azione, in quanto esistono persone che sono abilitate a regolare questo genere di problemi. Ciascuno ha il suo proprio compito, ma quando siete voi ad agire per fermare l'esplosione di un reattore, di una bomba, di un'arma batteriologica, penetrate nella struttura della norma umana "vista" da questi oggetti informati.

A livello divino, l'uomo concepisce la felicità come uno stato che ogni essere, ogni oggetto, può raggiungere. Dunque, un atomo può "vedere" la felicità umana come universale, come un qualcosa di inviolabile. Logicamente potete ammettere la possibilità di ogni variabile. È possibile, quindi, che il reattore non esploderà. Attribuite al vostro pensiero logico una struttura di pilotaggio reale, e alcun oggetto non può e non deve perturbare la vostra felicità.

Gli elementi di ogni livello reagiscono in maniera concreta, per esempio – la reazione di ognuna delle vostre cellule, vi permette di prevedere la sua evoluzione fino all'infinito. La struttura della felicità è molto condensata. Dal punto di vista di Dio, ciascuna cellula ha la sua luminosità. Potete ristabilire la salute, senza provocare dei disturbi nel vostro organismo, al contrario ne migliorate il funzionamento. Una questione si pone: è giudizioso esaminare una sola cellula occultando le altre cellule del vostro organismo, cosa ne sarà della loro sincronizzazione? Poiché siete voi stessi a fare questo esame, non c'è alcun problema, inoltre, potete studiare la struttura di ogni cellula così come fa Dio. Per lui una sola cellula contiene l'informazione del corpo intero. Se

© Грабовой Г.П., 2000

una cellula irradia felicità, tutto l'organismo la possiede. Così – le vibrazioni della felicità universale sono presenti nella minima parte del tutto. Dirigendo la vostra azione verso l'intero universo, scoprirete un centro dove si crea la felicità dell'uomo, che egli stesso identifica cooperando intimamente con Dio.

Il vostro apprendimento accelera quando lavorate, mano nella mano con Dio. Cercate di agire nella felicità. In origine l'uomo è un individuo nel quale l'Anima, lo spirito e la consapevolezza non sono separati. In contatto stretto con Dio, imparerete molto velocemente a pilotare su scala planetaria, facendo qualcosa per il Mondo intero, lo fate per voi stessi, ma in modo preciso.

****

TECNICHE ED ESERCIZI PRATICI

Esercizio: vedere la propria Anima felice.

1. Ricordatevi di un evento felice della vostra vita, con i maggiori dettagli possibili.

2. Immaginatevi in quella atmosfera, risentite le vostre emozioni di allora.

3. Ricordatevi che questo evento vi è stato dato da Dio, capite, sentite e vedete che è stata anche opera Sua. Risentite la felicità che Dio provava al momento della Creazione di questo evento felice per voi.

4. Allo stesso tempo, mettetevi consapevolmente a livello della percezione della vostra Anima, vedetela felice.

5. Quando Dio rivela la sua felicità all'uomo, quest'ultimo vede la sua Anima felice. Ora lo sapete. In questo momento, vedete che la vostra Anima è eterna, come quella di Dio. In conseguenza, il vostro corpo fisico ha la facoltà di vivere ed evolvere eternamente. Ciò vuol dire che l'auto-guarigione di ogni disturbo psico-fisico è logicamente possibile.

Tecnica: Propagazione della luce che creò l'Anima umana.

1. Entrate mentalmente nella luce a partire dalla quale la vostra Anima fu creata. Non si tratta del momento della vostra incarnazione attuale, ma piuttosto delle origini della Creazione. Con il pensiero, risalite a quell'istante iniziale, che fu felice per voi. Molte persone riescono a ricordarsene facilmente perché si tratta di uno dei più vivi istanti della vita dell'Anima. In virtù di ciò, ognuno ne conserva il ricordo.

2. Vedete e sentite la luce a partire dalla quale Dio vi creò. Sentite che la felicità di Dio e la vostra sono identiche.

© Грабовой Г.П., 2000

3. Spargete la luce che creò la vostra Anima sulla vostra vita attuale. Percepite consapevolmente la simultaneità della vostra azione felice e di quella di Dio.

4. Ora spargete questa luce sul vostro futuro infinito.

Tecnica: La propagazione della luce creazionale.

1. Dal punto di vista umano, Dio creò prima il Mondo eterno, perché l'uomo vi potesse vivere ed evolvere. Indissolubilmente legato alla Creazione dell'Anima umana, questo primo atto di Dio, fu felice per Dio e per l'uomo.

2. Comprendendo ciò, proiettatevi nel passato, prima della Creazione della vostra Anima. Vedete al tempo stesso la luce della Creazione del Mondo e quella dalla quale fu creata la vostra Anima. Diffondete questa luce creazionale, come nella tecnica precedente, sul vostro presente e sul vostro futuro eterno.

3. Con questa tecnica, in effetti, voi spargete la luce di Dio stesso. È un mezzo che permette all'uomo di ristabilire la propria salute e di regolare tutti gli eventi del futuro. Illuminati dalla luce di Dio, gli avvenimenti non avranno contorni negativi per voi.

Sviluppare la visione dell'armonia universale.

1. Proiettatevi nuovamente nei tempi precedenti la Creazione della vostra Anima.

2. Osservate simultaneamente la luce della Creazione del Mondo e quella dalla quale fu creata la vostra Anima. Spandete questa luce della felicità divina sulla vostra vita futura, che si dispiega nello spazio-tempo. Accorgetevi degli elementi vicini e distanti del Mondo che vi circonda. Furono anch'essi creati da Dio nel momento precedente la Creazione della vostra Anima. Osservateli con lo sguardo di Dio. Ora siete assolutamente capaci di vedere e di esaminare l'armonia e l'unità dell'universo. Questa tecnica vi permetterà di penetrare la struttura divina di tutte le cose dell'universo.

© Грабовой Г.П., 2000

3. In altre parole, questa comprensione vi conduce alla realizzazione del vostro desiderio personale, vi procura la felicità.

Tecnica: L'individuazione della felicità nell'avvenire dell'uomo.

1. Come nella tecnica precedente, ritrovate la vostra felicità nel passato, identificatelo a quella di Dio, esaminate l'armonia universale. Eseguendo in successione queste tecniche, renderete il vostro pilotaggio più affidabile.

2. Ora proiettatevi nel vostro avvenire. Osservate il sistema del vostro avvenire, potete farlo a tappe:
 a) Osservate il vostro avvenire prossimo, tra un anno, distinguete le sue forme sferoidali.
 b) Vedetevi fra dieci anni, sempre distinguendo le forme sferoidali del sistema di questo futuro lontano. Constatate la differenza che esiste nella vostra percezione, tra la visione della felicità dell'avvenire prossimo e di quella del futuro lontano.
 c) Può darsi che seguiate già realmente il filo degli eventi, che comprendiate con il vostro intelletto, in altre parole vedete approssimativamente ciò che arriverà, conformemente ai vostri progetti. Potete visualizzare questi avvenimenti e percepirli come l'azione di Dio diretta verso di voi.

3. Questa tecnica vi permette di discernere l'informazione del futuro, che si presenta di solito come una sfera o una delle sue fasi connesse. La forma sferoidale significa che l'informazione proviene dal livello felice del vostro avvenire. Vi vedete al livello a partire dal quale, Dio vi conosce, e vi conosce sempre in base alla vostra evoluzione al livello della felicità.

Esercizio.

1. Avendo osservato la luce che Dio vi invia dalla Creazione della vostra Anima, la luce che precede la vostra Creazione e la propagazione della luce, visualizzate e concepite il vostro avvenire all'interno di costruzioni sferoidali che affluiscono verso di voi e vedetevi al livello della felicità.

© Грабовой Г.П., 2000

2. Decodificate ciò che Dio sa della vostra evoluzione felice, del cammino che dovrete ancora seguire. Dopo averlo capito, saprete come seguire questo cammino, su cosa concentrarvi, a cosa prestare più grande attenzione, in altre parole, potete agire conformemente alla visione e al desiderio di Dio che vi riguarda.

Esercizio: Ritrovare il livello felice in tutti gli eventi e in tutte le vostre azioni, comprese le più banali.

1. Capite ancora una volta che ogni azione di Dio si compie al livello di felicità.

2. Ritrovate questo livello in tutti gli eventi e in tutte le vostre azioni, comprese le più banali. Esaminate i vostri gesti quotidiani. Preparate il the o il caffè, fate colazione, sparecchiate la tavola, vi vestite, uscite da casa, respirate l'aria, camminate sulla terra, vi coricate.

3. Siate consapevoli che ogni cosa che toccate è una Creazione felice di Dio. Vedete che, a questo livello, la vostra felicità è inseparabile da quella di Dio.

Tecnica: Esclusione delle situazioni senza via di uscita nella vita dell'uomo.

1. Per Dio, che agisce sempre dal livello della felicità, non ci sono situazioni senza via di uscita. Queste situazioni non possono neanche apparire.

2. Per far si che la vostra azione sia allo stesso livello di Dio, l'uomo deve imparare a scoprire al sua felicità alla stessa velocità di Dio. L'azione felice dell'uomo deve coincidere con l'azione di Dio. In questo caso, l'uomo non percepisce alcuna situazione come fatale.

Tecnica: Diagnosi dello sviluppo dei sistemi sociali.

Scrutate con lo spirito l'avvenire di un sistema sociale per scoprirvi anche una sola persona che si trovi al livello della felicità. In questa tecnica, lo spirito dell'uomo, tratta l'informazione in modo logico. Un solo impulso dello spirito è sufficiente a comprendere la situazione esaminata.

© Грабовой Г.П., 2000

Tecnica: Previsione di una tempesta o di un cataclisma.

1. Come nella tecnica precedente, un impulso dello spirito permette di intercettare la felicità della persona che si trova sull'eventuale passaggio della tempesta. Se, scrutando l'avvenire, si scopre la felicità, la tempesta non avverrà nel posto dove si trova la persona in questione, o la tempesta cambierà direzione, oppure si calmerà.

2. Se non vi riesce di intercettare la felicità, bisogna apportarla con l'impulso del proprio spirito, affinché la tempesta non si diriga verso luoghi abitati da esseri umani.

Tecnica: Aiutare una persona affetta da un disturbo psico-fisico cronico che si trovi da molto tempo in una situazione difficile.

1. Si può ottenere l'informazione della felicità di una persona che ha disturbi psico-fisici cronici direttamente da Dio. Il livello della felicità contiene sempre la via tecnologica che la persona deve seguire per arrivare a superare la sua situazione.

2. Applicare all'uomo l'informazione dell'azione felice di Dio, che avete trovato, i vostri gesti in questa tecnica, congiunti all'azione di Dio, innescano il meccanismo di auto-guarigione.

Tecnica: Agire dal livello della felicità in situazioni estreme.

1. Per evitare un incidente d'auto o lo schianto di un aereo, colui che pilota la situazione forma una sfera della felicità a livello del suo cuore e la pone, in seguito, vicino a delle persone o a degli apparecchi.

2. Trovandosi al livello della felicità, chi pilota la situazione, sa perfettamente che l'evento negativo non si produrrà nell'avvenire prossimo.

Tecnica: Aiutare una persona sconosciuta, anche se si ignora dove si trova.

© Грабовой Г.П., 2000

1. L'informazione della conoscenza felice si trasmette ovunque nel Mondo.

2. In questo modo, si può posizionare una sfera della felicità anche a fianco di una persona sconosciuta che si trova in un posto ignoto. Per esempio – si mette questa sfera vicino a qualcuno che si trova a bordo di un aereo in pieno cielo; ciò è possibile grazie all'intervento creazionale del Mondo intero.

Tecnica: Garantire la sicurezza del volo di un aereo.

In caso di guasto tecnico di un aereo in pieno cielo, bisogna porre un gran numero di sfere della felicità intorno a esso.

Tecnica: Aiutare una persona che abbia dei problemi psichici o delle difficoltà ad adattarsi alla vita sociale. Può trattarsi di qualcun'altro che si irriti, si innervosisca o perda il controllo facilmente.

1. Vedetevi sempre al livello della felicità.
2. Vedete sempre le persone che vi circondano, al livello della felicità.
3. Assimilate l'idea che ogni essere umano è creato dall'azione felice di Dio.
4. Rilevate la sfera che contiene l'informazione felice di Dio riguardante la persona che volete aiutare.
5. Ponete questa sfera vicino al corpo fisico della persona in questione.
6. Compiendo tale azione, dimenticate il comportamento negativo di questa persona, vedetela nella luce del suo avvenire felice previsto da Dio.
7. Assicuratevi di compiere tutte le vostre azioni conformemente al livello della felicità.

Esercizio

1. Servendovi della tecnica precedente, applicate la vostra esperienza di vedere l'altro in ogni contatto che avete con coloro che vi circondano.

© Грабовой Г.П., 2000

2. Capite che, attraverso questo elemento della felicità vera, cominciate a vedere ciò che vi circonda come lo percepisce Dio in persona.

3. Compiendo questa azione, comprenderete che cominciate ad entrare in unione profonda con L'Anima e la persona di Dio.

4. Questo atto vi permette di vedere le azioni di Dio come provenienti dall'uomo.

5. Restando in questa unione con Dio, vedete che tutto ciò che fa la vostra felicità, è il cammino che voi dovete seguire, e che tale cammino vi conduce verso la felicità. Il vostro cammino felice è una azione felice e la felicità di Dio. In altre parole, Dio, nella Sua felicità, compie le azioni felici per voi. Comprendendo ciò, vi mettete in sintonia con lui e agite allo stesso tempo. Dio percepisce la vostra felicità, le vostre azioni felici, come la felicità che Gli inviate. Avendo ricevuto da Dio il libero arbitrio, diventate la Sua fonte di felicità. Qualcuno che non avesse la possibilità di vedere il senso profondo del vostro gesto, non crederebbe nemmeno che stiate facendo qualcosa per Dio. Queste azioni reciproche, sincronizzate e felici, comportano la vostra unione con Dio.

Esercizio: Utilizzo delle conoscenze individuali che l'uomo riceve da Dio.

1. Vedetevi come una persona che ha la facoltà di evolvere eternamente.

2. Capite ancora una volta che il vostro cammino di vita felice è creato da Dio.

3. Vedete in dettaglio il vostro cammino verso la felicità, rendetevi conto che risulta dalle conoscenze che Dio vi dà. Sono allo stesso tempo le Sue e le vostre. Dio le ha create per voi personalmente affinché voi possiate agire e seguire il vostro cammino di felicità.

© Грабовой Г.П., 2000

4. Prendendo in considerazione questo rapporto tra le vostre conoscenze provenienti da Dio, e il vostro cammino della felicità, ditevi che Dio vi dà soltanto conoscenze felici. Esse evolvono e permettono all'uomo di evolvere eternamente.

5. In questo modo, capite che potete realizzare la vostra felicità, acquisendo le conoscenze in un modo o in un altro: la vostra interpretazione dell'informazione, la lettura dei libri, la partecipazione a dei seminari.

6. Ora sapete che, se vi trovate da molto tempo in una situazione psicologicamente difficile, dovete modellare la vostra felicità imparando e utilizzando nuove conoscenze.

Tecnica: Vedere gli oggetti del Mondo esterno con gli occhi di Dio.

1. Osservate di nuovo il processo di formazione delle conoscenze felici per l'uomo. Comprendete che Dio trasmette sempre le conoscenze all'uomo a partire dal livello della felicità. Questa azione costituisce per lui la felicità.

2. Capite che l'apparizione di ogni cosa nell'universo ed i suoi effetti su di voi, risultano da questa azione che viene da Dio e diretta verso di Lui.

3. Dio controlla costantemente questa azione reciproca. Vede e percepisce ogni cosa, ogni fenomeno della realtà.

4. Dio è sempre pronto a trasmettere all'uomo la Sua visione del Mondo esterno. E questa azione è felice per Dio.

5. Per l'uomo, Dio vede gli oggetti dall'altro lato, dall'interno.

6. Quando guardate un oggetto un computer o una pista atletica, per esempio, vedete lo spazio fisico dove si trova, dal lato opposto, entrate all'interno del campo visivo di Dio.

© Грабовой Г.П., 2000

7. Sviluppate e utilizzate costantemente questa tecnica. Ciò vi permetterà di ottenere innumerevoli informazioni sugli oggetti al fine di utilizzarli in modo creativo. Imparerete così, a sviluppare i rapporti con l'universo in modo armonioso.

Tecnica: Vedere l'altro con lo sguardo di Dio.

1. L'uomo che vede le cose come Dio, ha delle capacità creatrici illimitate. In verità Dio stesso vede l'uomo in questo modo.

2. Vedete qualcuno nello stesso modo in cui Dio lo vede, è possibile che lo guardiate dal lato opposto, sapendo che Dio lo fa contemporaneamente a voi.

3. Utilizzando questa tecnica, arriverete a vedere le capacità creatrici più elevate della persona, i suoi talenti che ha già messo a frutto e quelli che ha appena scoperto, la sua aspirazione alla pace. Questa visione esclude ogni percezione negativa della persona.

4. Questa visione è spesso d'inestimabile aiuto per l'altra persona che vorrebbe avere un'immagine più chiara di se stessa. Ciò accade quando qualcuno dice di volere conoscersi meglio e comprendere i propri desideri.

Tecnica: L'interazione felice dell'uomo con gli oggetti, permette al proprio spirito di partecipare più attivamente alla vita quotidiana, all'auto-guarigione da disturbi psicofisici complessi (primo metodo).

Due aspetti di questa tecnica (punti 1 e 2) sono importantissimi.

1. La felicità dell'uomo è nelle azioni simultanee del suo spirito, della sua Anima, della sua coscienza e del suo corpo fisico.

2. L'uomo deve avere una relazione felice con le cose esteriori.

© Грабовой Г.П., 2000

3. Se i movimenti o gli spostamenti del corpo fisico dell'uomo sono ridotti, anche il potere d'azione del suo spirito può essere limitato. Inoltre, ciò non riguarda unicamente lo spostamento del corpo nello spazio, ma egualmente la percezione visiva dello spazio circostante.

4. Per aiutare il vostro spirito a realizzarsi pienamente, voi potete sgomberare lo spazio circostante, liberarvi degli oggetti inutili nella vostra casa. Questo gesto vi vivifica e può favorire l'auto-guarigione di disturbi psicofisici complessi.

5. Sgomberare lo spazio non significa pertanto svuotare la vostra casa, perché l'uomo deve interagire con gli oggetti.

Tecnica: L'interazione felice dell'uomo con gli oggetti, secondo metodo.

1. Stabilite un contatto con un oggetto scelto, un fiore o un albero ad esempio. Non guardatelo semplicemente con i vostri occhi fisici, ma usate il vostro spirito, la vostra Anima, la vostra consapevolezza, la vostra persona tutta intera.

2. Cercate di percepire i legami infiniti che uniscono quest'albero a voi, all'universo, a Dio.

3. Osservate la reazione dell'albero al vostro contatto con lui. In questo momento potete percepire l'armonia sublime e la bellezza dell'albero che non avevate notato in precedenza. Sarete riempiti di felicità Divina. Questa emozione amplificherà la vostra percezione dei legami infiniti dell'albero con voi e con l'universo. Vi renderete conto che potete anche controllarlo così come fa Dio.

4. Cercate sempre di utilizzare questa tecnica a partire dal vostro livello di felicità. A quel punto, vedere i legami infiniti tra tutte le cose dell'universo diventerà per voi un'abitudine.

5. Realizzate che questo modo di percepire gli oggetti vi permette di avvicinarvi a Dio e di unirvi a Lui nell'azione. Così comprenderete meglio tutti i movimenti dell'universo e gli atti di Dio.

© Грабовой Г.П., 2000

6. La comprensione di quanto enunciato in precedenza vi dà la possibilità di pilotare gli oggetti. Non è ancora il pilotaggio totale, ma la prima tappa per arrivarvi. Nella seconda tappa, il vostro pilotaggio diventa preciso.

Esercizio: Vedere a livello spirituale i contorni del corpo fisico in azione.

1. Scegliete un oggetto davanti a voi: un fiore sulla tavola, un albero dietro la finestra; entrate in interazione con questo oggetto a livello spirituale. Fatelo in maniera creativa: ad esempio – ristabilite la sua struttura cellulare o aumentate il suo potenziale.

2. Agendo in tal modo, osservate allo stesso tempo lo spazio fisico tra voi e l'oggetto scelto, scorgete il legame continuo che unisce entrambi. Notate che siete sempre voi stessi a crearlo e a proiettarlo davanti a voi. È il prolungamento del vostro corpo fisico.

3. Nella tappa seguente, scegliete quattro oggetti o più, che si trovano attorno a voi. Come nella prima parte dell'esercizio, interagite simultaneamente con tutti questi oggetti.

4. Durante questo processo creativo, è molto probabile e possibile vedere il vostro corpo fisico estendersi all'infinito. Ciò si manifesta come una luce costante, che spesso si riesce a catturare con gli apparecchi fotografici. La sua immagine rappresenta una sfera o una forma toroidale intorno al corpo umano.

5. La percezione più precisa vi permette di scoprire la struttura divina del vostro corpo fisico. È l'unione della luce tramite la quale Dio vi ha creato, del vostro corpo fisico con la luce divina da questi emanata. Tutte queste componenti sono in azione in modo permanente.

6. Comprendete che questa luminescenza del vostro corpo vi dà la possibilità di evolvere all'infinito e vivere eternamente. Dio ha creato per voi uno spazio illimitato.

Esercizio: Vedere con gli occhi fisici, l'infinità del corpo fisico.

© Грабовой Г.П., 2000

1. Esaminate nuovamente la luminescenza del corpo fisico dal punto di vista dei fondamenti dell'universo.

2. Con i vostri occhi fisici, guardate una persona, poi un'altra, potete sentire la leggera pressione che emana dalla persona.

3. Notate che questa pressione testimonia l'infinità del corpo della persona che interagisce con l'universo esteriore.

4. Sappiate che siete capaci di auto-guarire da ogni disturbo psico-fisico e di superare qualunque situazione, poiché l'evoluzione del vostro corpo fisico non ha limiti, ivi compreso nell'universo fisico.

5. Applicate nel quotidiano questa pratica e quella precedente, fatelo regolarmente per avere una percezione stabile del vostro corpo creato da Dio, nella sua felicità, raggiante felicità. Arriverete a ristabilire la vostra salute e quella degli altri, facendo dei semplici gesti.

Esercizio: Acquisizione dell'esperienza per prevenire e superare i conflitti interpersonali.

1. Cercate di utilizzare sistematicamente le tecniche della felicità che avete appreso. Poco a poco diventerà per voi una cosa abituale, come il vostro modo di pensare. Potete applicarle a voi stessi, vedetevi felici, creati nella felicità di Dio, parallelamente guardate gli altri allo stesso modo, come persone che hanno la stessa capacità di evolvere eternamente.

2. Compiendo queste azioni in modo sistematico. Comincerete a pilotare la realtà senza nemmeno voler risolvere i problemi riguardanti una persona concreta, che non potrà comportarsimale.

3. Osservate gli effetti delle vostre azioni nei confronti di qualcuno. Noterete che gli procurate unicamente felicità, moltiplicando il numero di eventi fortunati nella sua vita.

© Грабовой Г.П., 2000

Esercizio:

Concentratevi sulla frase di Grigori Grabovoi – la nozione di felicità è, in realtà, legata alla felicità generalizzata. L'uomo può essere veramente felice solo quando lo sono gli altri -. Quando avrete compreso queste parole, vi renderete conto che Dio ha creato la felicità per tutti gli esseri. In un primo momento, potete pensare che siete frenati nel vostro slancio verso la felicità. Poiché la vostra felicità dipende da quella degli altri. Ma in realtà, se assimilate bene il contenuto del seminario, capirete che avete piuttosto la possibilità di vivere eternamente. La vita infinita dell'uomo deriva dal numero illimitato di persone che rende felici. Creando perpetuamente la felicità, l'uomo vive eternamente come Dio.

Esercizio:

Concentratevi sulla frase di Grigori Grabovoi: – L'uomo si avvicina a Dio quando è capace di creare. Per creare deve utilizzare delle tecnologie benefiche per il Mondo intero.

Esercizio: Creazione delle proprie tecniche.

1. Ponetevi al livello della felicità. Concentratevi sullo stato in cui siete.

2. Prima di cominciare il pilotaggio, formulate il vostro obbiettivo, per esempio – volete creare la felicità, il benessere per tutta l'umanità, oppure sradicare la criminalità dal pianeta.

3. Assicuratevi che il vostro obiettivo corrisponda a ciò che il Creatore vuole per tutti gli uomini.

4. Trovate o create per voi le tecniche appropriate, per raggiungere il vostro obiettivo. Se il vostro scopo è di creare la felicità universale, potete forse utilizzare le tecniche di cui vi siete regolarmente serviti per creare la vostra felicità. Questa azione vi ha permesso, allo stesso tempo, di comunicare la vostra esperienza a tutta l'umanità in modo implicito. Potete anche parlarne alle persone durante i vostri incontri, oppure organizzare delle conferenze. Potete visualizzare i risultati delle vostre azioni e quelle degli altri.

© Грабовой Г.П., 2000

Esercizio: Scoprite l'obiettivo di Dio per raggiungere il vostro scopo.

1. ponetevi al livello della felicità.

2. Analizzate le azioni che avete fatto durante l'esercizio precedente.

3. Potete vedere che il vostro obiettivo non è altro che un compito assegnato da Dio. Potete capire molto chiaramente, potete rendervi conto che siete voi stessi a generarlo.

4. Portando a termine così un solo compito, scoprite l'obbiettivo che Dio, in questo caso, segue personalmente.

5. Constatate che la scoperta dello scopo di Dio vi procura felicità.

6. Constatate che il vostro cammino verso la felicità, passa per la scoperta permanente degli obiettivi di Dio riguardo ai vostri atti.

Esercizio:

Assicuratevi che attualmente seguite il cammino della felicità. Chiedetevi se avete potuto rinunciarvi, esercitando il libero arbitrio.

Tecnica: Dispiegare il proprio cammino della felicità.

1. Tra tutte le informazioni contenute nell'universo, trovate quella che riguarda il vostro cammino della felicità. Dio l'ha creato e lo dispiega per voi. Nella visione ottica, quest'informazione appare come un tappeto che si srotola.

2. Cercate di vederlo nei dettagli, di capire come poterlo srotolare ancora e ancora.

3. Quando vedete il vostro cammino della felicità o sentite che è là, proiettatelo su voi stessi, sul vostro sistema di pilotaggio.

© Грабовой Г.П., 2000

4. Assicuratevi che sia identico al cammino della felicità che Dio srotola.

5. Stendete il vostro cammino della felicità davanti a voi nel vostro spazio di pilotaggio.

6. seguite questo cammino, che è quello che vi apporta realmente l'informazione della felicità.

Esercizio: Il sentimento della libertà assoluta che un uomo possa provare, eseguendo degli atti felici per sé e per gli altri.

1. Sentitevi come qualcuno che segue consapevolmente il cammino della felicità.

2. Vedete che i vostri desideri e le vostre azioni corrispondono al cammino della felicità, e che nessuna azione vi distoglie da questo.

3. Comprendete che il cammino della felicità vi permette di agire liberamente. Capite che il vostro cammino della felicità rappresenta i vostri desideri e la loro realizzazione.

4. Assemblate le vostre immagini. Vedete che tutte le vostre azioni sono libere e felici per voi e per chi vi circonda.

Esercizio: Comprendete le azioni di un'altra persona al fine di fornirle assistenza.

1. Entrate consapevolmente in uno stato di felicità profonda.

2. Immergetevi nella vostra Anima, guardatevi e osservate il Mondo attorno a voi.

3. Calatevi ancora più in profondità sempre più, concentratevi sul vostro stato.

4. In questo stato di serenità e felicità, che parte dalla vostra Anima, andate verso la persona che desiderate aiutare.

© Грабовой Г.П., 2000

5. Assicuratevi con la vostra Anima, che non state importunando questa persona, ma al contrario la calmate.

6. Sempre restando in questo stato, in silenziosa interazione con l'Anima della persona, esaminate i suoi compiti e le sue aspirazioni. La vostra serenità e quella della persona, provano che agite al livello della serenità.

Tecnica: Propagazione dell'azione felice dell'uomo verso il suo avvenire infinito.

1. Come nella pratica precedente, entrate in contatto con la vostra Anima.

2. Osservate la vostra serenità.

3. Siate attenti, rendetevi conto che si tratta di una calma psicologica e, allo stesso tempo, la calma che accompagna l'Azione della vostra Anima che si propaga verso il futuro infinito.

4. Osservate e constatate che questa calma è, in effetti generata dal vostro corpo.

5. Questa calma è la luce emanata dal vostro corpo e segna la vostra realizzazione al momento presente. È un elemento della felicità che ristabilisce lo spazio circostante ed armonizza gli eventi della vostra vita futura.

6. Osservate questo stato. Rendetevi conto che siete in grado di emettere luce che rende l'universo armonioso, che potete farlo in modo naturale, senza dovervi concentrare profondamente. Capite che si tratta di un'azione normale per una persona felice.

7. Comprendete che questa luminescenza del vostro corpo vi garantisce una piacevole evoluzione nel futuro infinito. Capite che il vostro corpo fisico possiede d'ora in poi e di già, tutto per vivere eternamente, per procurare la felicità a voi stessi e al Mondo intero.

© Грабовой Г.П., 2000

Tecnica: Approccio universale per valutare il livello di felicità.

1. Create spiritualmente una scala verticale per valutare la felicità. Guardatela come un termometro, che può avere da 0 a 10 gradi – o da 0 a 1.

2. Facendo questa diagnosi spirituale, immaginate una colonna d'acqua che sale, il tratto di gradazione al quale arriva l'acqua testimonia il livello di felicità.

3. Identificate il livello di felicità di un oggetto esaminato. Se supera 5 (su scala da 1a 10), è un buon segno, se è inferiore, il livello di felicità è basso e ha dei problemi.

Valutare il livello personale di felicità, che è in rapporto con le proprie azioni creatrici del momento presente.

Dopo aver esaminato la scala qui sopra descritta, osservate il vostro livello di felicità dal punto di vista di tutte le vostre azioni creatrici attuali. Questa tecnica vi permette di fare la diagnosi del vostro stato. Ciò potrà incoraggiarvi a modificare le vostre azioni per aumentare la vostra creatività e vi permetterà di superare un malessere psicologico di lunga data.

Valutare il livello di felicità degli edifici.

La stessa tecnica è valida per rilevare il livello di felicità di una casa o di un insieme di edifici, per valutare anche il livello di felicità di un gruppo sociale.

Valutare il livello di felicità della società in caso di avvenimenti possibili.

Se gli eventi previsti per determinate persone toccano la vita del Mondo intero, avete il diritto di rilevare il livello di felicità della società utilizzando la tecnica di diagnosi spirituale qui sopra riportata.

Diagnosticare lo stato di salute dell'essere umano valutando il suo livello di felicità.

© Грабовой Г.П., 2000

1. Valutare il livello di felicità di una persona utilizzando la tecnica di diagnosi spirituale. In questo caso non è necessario esaminare un organo concreto.

2. Se notate un calo di livello, colmatelo con la felicità che Dio prevede per questa persona.

Rilevare i difetti negli edifici, negli oggetti tecnici, valutando il livello della felicità sociale.

Se notate un calo del livello di felicità sociale in un edificio o in un oggetto tecnico (automobile, aereo), ciò vuol dire che da qualche parte c'è un difetto. Utilizzando il vostro tachigrafo spirituale, troverete l'ubicazione di questo difetto.

Tecnologia: Prevenire e arrestare le operazioni militari.

1. Rilevate il livello di felicità di coloro che possono decidere di intraprendere delle operazioni militari. Vedrete che il loro livello di felicità è bassissimo.

2. Conformemente al principio di diagnostica generale, colmate la quantità mancante con la felicità che Dio ha creato per tutti.

3. Vedete con i vostri occhi spirituali a quale livello si trova il loro "cammino della felicità".

4. Scoprite il livello del "cammino della felicità" che Dio prevede per loro. Valutate lo scarto tra i due livelli.

5. Fate coincidere il cammino previsto da Dio con quello che seguono le persone in questione, per elevare questi ultimi al livello della felicità divina.

6. Stabilizzate l'immagine ottenuta. Il cammino che l'uomo seguirà in questo caso, lo condurrà veramente verso la felicità, a condizione che egli accetti. L'effetto positivo di questo lavoro è grandissimo, perché vi partecipa l'universo.

© Грабовой Г.П., 2000

Tecnologia: Prevenire una catastrofe planetaria.

1. Visualizzando l'informazione su una catastrofe, armonizzate la vostra azione a quella di Dio.

2. Assicuratevi che la vostra azione e quella di Dio si congiungano allo stesso punto, così come i raggi di luce convergono verso il fuoco di una lente.

3. Consolidate l'immagine della vostra azione unita a quella di Dio.

4. Ripercuotete questa immagine sulle azioni delle altre persone. In questo caso, la vostra azione sarà identica a quella di Dio: sarà diretta verso tutti gli uomini, senza eccezione.

5. Constatate che l'azione di tutti gli uomini e quella di Dio coincidono e hanno lo stesso fine.

Tecnica: neutralizzare gli eventi negativi o distruttivi.

1. Cercate nel volume di informazione totale l'informazione sull'evento distruttore. Si sposta e si sviluppa come sistema voluminoso.

2. Gettate ponti di felicità al suo passaggio.

3. Constatate che questa massa rallenta e poi sparisce.

4. Notate che l'evento negativo si trasforma in azione felice e la sua forma iniziale è convertita in sferoide.

Tecnica: Prevenire l'esplosione di una centrale nucleare, di una bomba, neutralizzare un'arma chimica o batteriologica.

Prendete l'esempio dell'esplosione di una centrale. Anche in altri casi, la tecnica è la stessa.

© Грабовой Г.П., 2000

1. Effettuate il vostro pilotaggio a partire dal livello di felicità.

2. Immaginate che il materiale radioattivo è anch'esso al livello della "felicità". Per valutare il suo stato, utilizzate una misura che somigli alla "felicità dell'uomo", Potete chiamarla – felicità dell'altro oggetto informato – che non è umano.

3. Come Dio, vedete che il materiale radioattivo controlla la situazione e la sua riserva di stabilità.

4. Utilizzate i vostri sensi spirituali per comprendere cos'è la felicità dell'uomo per il materiale radioattivo. Quest'ultimo "vede" la felicità umana allo stesso modo di Dio, come qualcosa di universale e inviolabile.

5. Capite che il materiale radioattivo percepisce l'uomo conformemente al pensiero logico: se voi e la logica del materiale, sapete che l'esplosione non si produrrà, sarà così. Il vostro pensiero logico diventa il pilotaggio.

6. Stabilizzate l'immagine ottenuta. Entrate nella struttura dell'armonia o norma umana, dal punto di vista del materiale radioattivo.

Tecnica: restituite la salute al vostro organismo trattando una cellula del vostro corpo.

1. Basandovi sulla tecnica precedente, capite che ogni livello – un atomo al vostro esterno o una vostra cellula – reagisce realmente al vostro pilotaggio.

2. Comprendete che potete trattare una sola cellula del vostro corpo per attivare il funzionamento dell'intero organismo.

3. Esaminate il principio di azione di Dio riguardante la felicità universale. Dio vede una cellula in perfetto stato, e l'organismo intero ritrova la salute.

4. Introducete nella vostra cellula l'informazione di salute che viene da Dio, oppure mostratele il cammino infinito della

© Грабовой Г.П., 2000

felicità. Potete osservare, al tempo stesso, la reazione felice ed il ristabilimento di tutte le altre cellule del vostro corpo.

5. Concentratevi su questa immagine. Constatate che ogni cellula ha la propria struttura vibrazionale che risponde alla felicità universale.

****

© Грабовой Г.П., 2000

Grigori Grabovoi

Il CONTROLLO DEL TEMPO

Seminario tenuto da Grigori Grabovoi il 21 agosto 2004

IL CONTROLLO DEL TEMPO

Il soggetto del nostro seminario di oggi è il controllo del tempo, che fa parte del mio insegnamento su Dio.

Il tempo di azione, nella percezione dell'uomo coincide con quello di Dio. L'uomo vive ed agisce in un sistema di eventi; è sulla terra circondato da vegetazione, ha un suolo solido sotto i suoi piedi, etc. Lui si rende conto che tutto ciò viene da Dio, se riuscite ad arrivare a monte, per capire come Dio procede, scoprirete il suo spazio-tempo, a partire dal quale Egli fa svolgere uno ad uno gli avvenimenti della vostra vita.

Così vedrete che il tempo è comprimibile. Pilotando gli eventi, per esempio quelli del passato, noterete che il tempo è paragonabile ad un flusso liquido che potete far "colare" nello spazio, nei luoghi dove esso descrive delle curve particolarmente strette. Il tempo si infiltra allora in questo o quel sistema. Tale sistema, può essere chiamato "orologio interno". Comprendete che l'Anima di Dio lo fa al di fuori del tempo, perché occorre senza dubbio che qualcuno crei questo orologio. Osservando le strutture sarete capaci di trovare le coordinate di un avvenimento. Così come la condensa, forma una goccia di rugiada, la concentrazione delle linee di forza nel tempo provoca un evento.

Avete notato il carattere statico di numerosi avvenimenti, ad esempio – è facilmente possibile ritrovare la stessa casa, la stessa pietra, la stessa montagna al medesimo posto tra un secondo come tra cinque ore o cento anni. Invece non avete la stessa certezza quando si tratta di un essere umano, a meno che non vi siate accordati con lui e a condizione che possa venire.

Considerando che l'uomo ha accesso ad ogni mezzo, constatate che le tecniche dell'evoluzione eterna sono atemporali. Dio che fa la regolazione del suo "orologio interno", concede

© Грабовой Г.П., 2000

all'uomo lo stesso potere, in altre parole, l'uomo può forgiare la sua eternità. Se riesce a proiettarsi fuori dal tempo, scoprirà le cose essenziali per la sua vita. Comprenderà che il suo sistema di regolazione, ha spesso unicamente bisogno di un impulso di luce, perché i prossimi cento anni della sua vita siano sereni. La regolazione diventerà più semplice grazie alla conoscenza dei punti d'entrata all'informazione che contiene il tempo sincronizzato all'azione di Dio. Dal punto di vista umano, anche il tempo è una azione di Dio, lo spazio, il tempo, tutte le azioni sono generate da Dio con lo stesso impulso iniziale.

Esaminando la realtà in questo modo, vedete che il meccanismo di controllo del tempo è all'interno dell'uomo. Il suo statuto gli permette di rettificare l'asse del tempo che va dal suo interno fino al punto dell'interfaccia, al-di-là della quale comincia il controllo della realtà. Questo tempo è soggetto a modificazioni. Spesso non è altro che il vostro pensiero. Le caratteristiche del tempo permettono di sapere che lo state pensando e lo state controllando.

Coloro i quali hanno dell'esperienza trasformano subito il loro pensiero in controllo, come se l'interfaccia non esistesse. Ma all'inizio, si tratta di riuscire a cogliere la frazione di tempo che scorre nello spazio, ad esempio – in quello del passato. Poi, quando il fondo temporale si stabilizza, il futuro diventa più stazionario, lo si potrà controllare in modo che sia propizio alla propria evoluzione.

La terra per la maggior parte contiene acqua, l'acqua delimita i continenti. Osservando le curve temporali dello spazio, potrete prevedere la nascita di uno tsunami o di un tornado. A poco a poco arriverete ad affinare la vostra percezione sensoriale a tal punto, da vedere lo svolgimento degli eventi nel tempo, senza però aver fatto ricorso a delle formule o a dei grafici molto sofisticati.

Evolvendo in questo senso, comprenderete che il tempo interno dell'uomo è paragonabile a quello di Dio, ad un livello in cui l'Anima umana partecipa a tutti gli eventi del Mondo. Il

© Грабовой Г.П., 2000

tempo dell'uomo coincide con quello di Dio. Se c'è concordanza, fosse anche parziale, i suoi effetti si ripercuotono su tutto il sistema. In conseguenza, anche l'uomo è eterno. Allo stesso tempo, la logica vuole che egli veda la sua Anima agire in ogni punto dell'universo. In principio, non è indispensabile percepire l'insieme dell'universo, una moltitudine infinita di fenomeni, è sufficiente scegliere una regione d'azione più vicina. L'uomo seleziona consapevolmente un impulso interno e lo invia verso questa regione. Per lui è un avvenimento. Egli "palpa" lo spazio davanti a se, è evidente che non tocca fisicamente gli oggetti, le pietre o gli alberi – lo fa con il pensiero.

Se avete bisogno di costruire una casa, saprete dove trovare i materiali, come calcolare con precisione la loro resistenza, affinché l'edificio sia solido e sano. Per fare ciò vi basta sincronizzare la vostra azione con quella di Dio. Sarà lo stesso per qualunque costruzione propizia alla vostra evoluzione infinita e a quella dell'umanità.

La sincronizzazione avviene quando l'uomo e Dio agiscono allo stesso livello temporale. Dio vi ha assegnato dei compiti e accordato un tempo per realizzarli. Dove ha investito il suo tempo? La risposta è semplice; quando costruite la vostra casa, il tempo è legato a questo spazio, alle vostre riflessioni e alle vostre ricerche di materiali. Sul piano fisico sorge il tempo dell'Anima di Dio, che corrisponde al tempo di azione dell'intera umanità.

Esistono dei sistemi di comportamento analoghi; ad esempio – gli uomini utilizzano tutti la stessa porta per entrare in una casa. Quanto a Dio, ha sempre un'entrata individuale. La differenza tra l'azione dell'uomo e quella di Dio, esiste solo in un intervallo di tempo concreto. Invece, al livello dell'infinito, l'entrata è la stessa per gli uomini e Dio. Cosa deve fare Dio per agire come l'uomo? Semplicemente deve focalizzarsi su un ambito infinito ed Egli entrerà dalla stessa porta presa dall'uomo.

Quindi, quando Dio e l'uomo progrediscono insieme all'infinito, il tempo diventa controllabile. Non è più come un liquido che cola in modo caotico (benché il caos non esista nella dinami-

© Грабовой Г.П., 2000

ca della fase di tempo liquido). Quando l'uomo e Dio agiscono simultaneamente, il tempo assume una forma sferoidale. Questa sfera può entrare nella mano dell'uomo o in quella di Dio, sempre restando onnipresente, ovvero l'uomo la vede sempre volgendo lo sguardo verso l'avvenire.

Per convertire questa sfera in cubo, per esempio – bisogna introdurvi l'aspetto intelligente che permette al tempo di riprodursi. Riproducendosi, fa nascere la persona. In altre parole, l'uomo vede il proprio riflesso nello specchio del tempo. Guardandovi in esso, capite perché certi avvenimenti si producono, perché l'essere umano invecchia. Inoltre è sufficiente fissare questo specchio ad un livello, e aggiungere molteplici superfici riflettenti nella sua struttura, per rallentare ed arrestare l'invecchiamento. Il rallentamento di questo processo è proporzionale al numero dei riflessi.

Questa struttura vi permette di trasformare la sfera in cubo, più riflessi vedete, più la vostra forma diventa stazionaria, ma qui si tratta del vostro sguardo su voi stessi. E affinché la coscienza collettiva lo accetti come naturale, dovrete creare i vostri riflessi con ogni elemento della realtà. Così vi renderete conto che la vostra Anima costruisce il Mondo in maniera tangibile e in ogni aspetto.

Scoprite la linea temporale della vostra Anima, il che è molto utile. Si tratta di un filo di colore dorato a volte argentato. Questo filo che ha una lunghezza specifica, è una specie di misura che la vostra Anima può utilizzare per valutare con precisione il tempo che resta prima che un evento si produca. Lavorando un uomo lo fa costantemente.

Osservando il funzionamento di questo meccanismo (schematizzo, perché in realtà si tratta della dinamica dell'Anima in evoluzione verso l'eternità), vedrete che il tempo è continuo. Si può tenderlo come un elastico, ma non romperlo. Ciò sarebbe difficile, si otterrebbe allora un livello discontinuo d'eventi, se decideste comunque di farlo, con cosa potreste dunque rompere il tempo, se non con le vostre mani? quindi, per rendere lo spazio-tempo discontinuo, avrete bisogno delle vostre mani.

© Грабовой Г.П., 2000

Logicamente parlando, potete assemblare le parti del corpo allo stesso modo in cui si crea la realtà esterna: il cubo è alla base di ogni elemento corporeo discontinuo. È sufficiente cambiare la forma della sfera del tempo perché appaia l'universo. Questo fenomeno è un fattore molto potente che favorisce l'auto-guarigione da ogni disturbo psico-fisico, in un intervallo di tempo controllabile.

Esistono altre forme di disturbi psico-fisici atemporali, che non sono in rapporto diretto con il malfunzionamento del corpo umano. Delle alterazione dello spazio, dei problemi ecologici o delle catastrofi, possono agire sullo stato di salute dell'uomo e provocare delle anomalie. Quando l'uomo vede che il suo sviluppo prende questa svolta, capisce cosa deve fare per rinforzare la sicurezza ecologica. Prende coscienza della sua responsabilità nei confronti della terra e del Creatore e rispetto a se stesso, poiché aveva scelto di nascere.

Allora appare chiaramente il sistema d'interazione delle Anime umane, ognuna opera in un posto, ma la propria azione si ripercuote sull'insieme del pianeta. Partecipano tutte alla strutturazione del tempo personale e collettivo, così come gli uomini costruiscono delle case individuali e degli edifici collettivi, sale per concerti, chiese, etc.

La forma dei luoghi di culto varia da una religione all'altra secondo le culture etc. Ciò è dovuto al fatto che l'Anima umana agisce allo stesso istante in cui Dio guarda l'uomo. Certo Dio lo guarda sempre, allora è piuttosto il momento in cui l'uomo crede di essere pronto ad entrare in contatto con Dio per realizzare una nuova azione. Ma poiché l'uomo fa costantemente qualcosa, ed in realtà è sempre pronto, si tratta del momento culminante che marca il suo passaggio dallo spazio esterno al suo Mondo interiore. In altre parole, l'uomo si organizza nel tempo.

Ho spiegato che l'uomo ha la possibilità di controllare il tempo a lungo termine, come Dio che creò l'orologio del tempo. Questo controllo si effettua a partire dal livello fuori dal tempo. Ritornato al suo interno, l'uomo ritrova il suo tempo umano, agisce nel tempo. Anche un solo punto nel tempo, testimonia

© Грабовой Г.П., 2000

la vostra azione in esso. L'uomo è in contatto con Dio quando sente il tempo interiormente o sulla propria pelle, o se capisce che il suo Mondo interiore si riproduce ed interagisce con l'esterno. Per l'uomo, il contatto con Dio, si riproduce nell'interfaccia tra l'atemporale e il tempo. Certamente Dio può passare da un livello all'altro, ma è maggiormente confortevole interagire con l'uomo a determinati livelli.

L'intervallo più pratico è quello in cui si congiungono lo spazio atemporale, il tempo e l'interfaccia dove Dio e l'uomo si incontrano. Quando l'uomo si rende disponibile a pregare o a dialogare con Dio, partecipa all'organizzazione degli spazi temporale e atemporale.

Qui potete gestire il controllo del tempo in modo che voi stessi creiate lo spazio atemporale e quello temporale. Il passaggio dall'uno all'altro si fa consapevolmente di vostra iniziativa. Nell'interfaccia Dio vi da dei compiti da realizzare. Si vede bene se sono compiuti in modo benefico per tutti. Ci si può porre la seguente questione: dove prendere "la manna celeste", i sistemi pronti, per trasferirli nella nostra realtà senza impiegare troppo tempo per farli funzionare.

Certamente è possibile creare realmente degli elementi della natura, propizi all'evoluzione della Terra, dell'umanità in altri pianeti. Esaminando il modo in cui Dio crea lo spazio, ci si chiede perché si debbano comprare i prodotti in un negozio, invece di materializzarli. Certo, la materializzazione è possibile, ma in un nuovo sistema, dove tutti sapranno farlo. Finché resta una sola persona a cui non riesca, siete obbligati a comprare i vostri prodotti nei negozi o riceverli gratuitamente da qualcuno.

Un solo punto del tempo che contenga un risultato benefico può dare un impulso allo sviluppo favorevole di un evento. Avendolo compreso, potremmo moltiplicare i pani ed i pesci, come negli scritti biblici. Certo sapete che i pesci si riproducono, esiste però un altro principio di organizzazione dell'universo, allora le seguenti domande si pongono: chi ha creato i pesci, in questo istante? Perché nuotano? Perché l'acqua dei fiumi e del mare non si disperde? Perché esiste la gravità?

© Грабовой Г.П., 2000

Il controllo del tempo

La metodologia che permette di vedere in che modo lo spazio-tempo è organizzato in questo momento è molto utile. Cominciate a seguire il legame che unisce questi pesci, vedete come Dio "taglia" lo spazio proiettando un raggio di eternità. Questo raggio, traccia lo spostamento dei pesci, fa apparire le configurazioni dello spazio-tempo, ma perché i pesci hanno quella forma? Ma perché l'acqua ha quello spessore? Perché in quell'istante Dio crea lo spazio in maniera discontinua. Fa apparire degli attributi ai prossimi elementi, e voi potete vederli.

Imparando a controllare il tempo in questo modo, potete creare perlomeno degli organi. In questo caso, l'auto-guarigione non è una lavorazione a catena, bensì un sistema di pilotaggio, è un processo di creazione analogo a quello di Dio. A questo stadio non fate più errori, sapete esattamente come costruire un organo.

Qui, il principio di formazione degli organi è semplificato. Invece a livello sistematico (ciò è valido non soltanto per il corpo umano, ma anche per ogni sistema complesso), si possono combinare i principi di pilotaggio universale che permettono di analizzare i legami sistemici; il controllo del tempo è molto utile per creare oggetti informati concreti a livello locale, degli organi, per esempio.

Allora l'uomo si pone la seguente domanda: Dio creò se stesso con questo impulso? Risulta che Dio si conosce esteriorizzandosi, questa esteriorizzazione non è altro che la trasmissione del tempo all'uomo. Certo Dio è onnisciente, ma se vuole conoscersi e comprendere il Mondo allo stesso modo in cui lo fa l'uomo, deve farsi uomo.

Ma Dio capisce le cose come le comprendono tutti gli uomini messi insieme. In effetti, la comprensione è la stessa per Dio e l'insieme dell'umanità. Ogni essere umano ha nella sua Anima una specie di sfera di luce. Dal punto di vista dell'uomo, egli è assolutamente libero, inviolabile, perché Dio è intoccabile. Con questo voglio dire che è impossibile esercitare su di lui delle pressioni esterne.

© Грабовой Г.П., 2000

Anche facendosi uomo, Dio esercita sempre il suo potere divino nel controllo della realtà. Dunque se tutti gli uomini hanno simultaneamente la stessa percezione della realtà, sono realmente protetti contro lo sterminio planetario. Per Dio il pensiero collettivo è orientato verso l'evoluzione all'infinito. Nel suo dialogo con gli uomini, Dio percepisce e costruisce l'eternità per l'insieme dell'umanità, dentro la percezione di Dio tutto è interconnesso.

È nell'intervallo di tempo in cui Dio percepisce il pensiero collettivo degli uomini, che appaiono i legami universali. Ma quando Dio vede anche una sola persona fare delle azioni, le riproduce immediatamente, la persona ha così la possibilità di evolvere all'infinito, perché ogni fenomeno che risulta dal primo impulso, rappresenta già l'entrata nello spazio infinito.

Lo sguardo di Dio è sempre diretto verso l'infinito, perché è creando perpetuamente l'universo che lo rende stabile. È una legge divina. Se gli uomini la comprendono, potranno elevarsi al livello della luce, dove si estende la vita eterna sulla quale il tempo non ha presa. Dal punto di vista logico, il tempo passa, ma nell'eternità perde la sua importanza.

Più l'uomo evolve, meno ha costrizioni legate al tempo, avete un mezzo tecnologico potentissimo: per non essere in ritardo, per avere una circolazione fluida nelle strade, per ristabilire la salute al momento opportuno, è sufficiente aumentare la durata dell'evento, come se allungaste il tempo, in realtà entrate nella fase dell'eternità, e nella sua luce vi occupate serenamente dei vostri affari.

Un altro principio si profila: la libertà assoluta dell'uomo. In cosa consiste questa libertà? Quando l'uomo è limitato nelle sue azioni, può proiettarsi fuori dal tempo, passando dal livello spirituale. Se compie dei gesti giusti, il suo spirito libero agisce in armonia con il suo corpo. La sincronizzazione dello spirito, dell'Anima, del corpo e della consapevolezza all'interno della struttura del pilotaggio, conduce alla libertà d'azione.

© Грабовой Г.П., 2000

Quindi la nozione di libertà implica l'assenza di limiti, ivi compreso il potere per realizzare alcuni compiti ad esempio – avete molte cose da fare, allora dovete riuscire a seguire lo svolgimento degli eventi, ottimizzarli.

L'uomo è libero di scegliere ciò che deve fare. Ma per arrivare a gestire diversi affari in modo che uno non freni tutti gli altri, si può elaborare un sistema di sincronizzazione. L'ampiezza del movimento ottico dello spirito, dell'Anima, del corpo e della coscienza, permette all'Anima di organizzare il tempo in modo creativo. La creatività è possibile laddove questo movimento non incontri ne curvature strette, ne rallentamenti. Allora avanzate conservando il vostro equilibrio con gioia e serenità, senza ritardi. Guadagnate la vostra libertà, cioè avete il tempo per fare tutto e controllare ciò che potrebbe frenarvi.

Vedendo la struttura di controllo, diventate interiormente più liberi, è quello che si definisce "tempo interiore": Il dispiegamento del tempo di azione del vostro spirito all'infinito, è un'azione libera.

Quale meccanismo deve entrare in gioco affinché il vostro spirito sia presente in ogni aspetto del vostro Mondo? Ecco uno dei mezzi: visualizzate lo spirito al di sopra del livello degli eventi fisici, per sincronizzare la luminescenza dell'Anima, dello spirito, del corpo e dell'intelletto umano.

È chiaro che in ogni modo il vostro spirito è libero, ma in questo caso specifico, ha una tecnica che permette di seguire la sua via più rapidamente. L'infinito diviene per voi un elemento controllabile, ma succede che avete bisogno di tempo per pilotare l'avvenire: la vostra proiezione all'infinito forma la vostra personalità di azione, in ogni modo gli eventi dell'infinito si basano su oggetti concreti.

Quindi, perché abbiamo bisogno di oggetti fisici? Perché il minimo passaggio da un livello all'altro (da forme cubiche o sferiche) e la creazione di elementi concreti sfociano in fuochi finiti, come nell'ottica? Possiamo osservare gli effetti di una stella

© Грабовой Г.П., 2000

lontana, di una foglia di un albero, di un altro oggetto della realtà su una situazione concreta, su un disturbo psico-fisico – per esempio, e lì possiamo trovare i punti nodali dell'universo.

Fino ad oggi, ho parlato del lavoro di ciascuno su se stesso, ora attiro la vostra attenzione sul controllo dei punti dell'universo che possono porre dei problemi. Percepite all'inizio una luce piatta che viene verso di voi, dovete fare in modo che questa luce si spanda sui vostri eventi, per regolare il loro corso. È il livello in cui esistono le soluzioni già pronte.

Per prendere questo volume di informazioni ed applicarlo alla nostra realtà, dobbiamo accordare il nostro tempo al futuro infinito, tenendo conto di tutti gli avvenimenti infiniti del passato. Si tratta in realtà di un lavoro fuori dallo spazio fisico.

Ora capiamo perché Dio si trovava al di fuori dello spazio-tempo quando creò in Mondo. Parliamo in modo immaginario, gli eventi – pari a delle uova, si aggrappano alle concavità delle curve dello spazio. Per recuperarle, occorre "raddrizzare" lo spazio, più il vostro sguardo arriva lontano, più conoscerete l'avvenire, più facilmente potete "staccare queste uova". L'evoluzione del vostro spirito all'infinito, semplifica il vostro compito: il pilotaggio è più rapido, perché lo spazio diventa più malleabile. Questo "uovo" evolve su due piani, interno ed esterno.

C'è dunque un legame su due facce, una davanti e una dietro ad ogni oggetto. Come fare per vedere la faccia nascosta di un oggetto, o di una strada che si trova in qualche luogo lontano dal posto in cui vi trovate? È necessario che l'impulso del vostro nervo ottico "scivoli" dall'altro lato dell'oggetto. La vostra visione non è più lineare, ma in qualche modo è periscopica. Ciò vi permette di vedere gli oggetti del macrocosmo.

Cosa fare se volete vedere l'interno di un oggetto? Vi offro una tecnica di chiaroveggenza. Per vedere cosa succede all'interno di un oggetto, dovete creare un livello atemporale, poi un livello di tempo dinamico e dei sistemi di corridoi fra i due, dove vedete Dio. Quando lo vedete agire, potete vedere in tempo rea-

© Грабовой Г.П., 2000

le ogni microsistema, la struttura cristallina di ciascuna sostanza, il movimento delle molecole etc.

Notate che è importante saper uscire da questo sistema di microcosmo. Certamente non ci sono problemi se ne uscite inconsapevolmente, per controllare il tempo ad un livello superiore, la traiettoria dell'uscita deve corrispondere in tempo a quella dell'entrata, da un punto di vista logico, questo problema non può essere risolto salvo applicando delle formule matematiche, poiché il tempo passa. Ma l'uomo come può fare?

Ancora una volta, deve farlo come Dio lo fa, Dio vede allo stesso modo il passato, il presente e il futuro. Il suo pensiero è fuori dal tempo. La percezione dello spazio Gli è sufficiente per creare e generare.

L'uomo cerca questa uscita per vedersi, perché deve sapere sempre dove si trova. Esistono molti sistemi temporali, il tempo può essere di diverse nature; molteplici azioni di durata differente possono svolgervisi, un'azione è infinita, un'altra ha degli intervalli o una fine.

Immergendosi contemporaneamente in più sistemi temporali (anche una cellula del corpo ha il proprio tempo), l'uomo deve svilupparvi la sua presenza. Ciò vuol dire che deve modellare la sua personalità, è un lavoro fuori dal tempo, come quello di Dio che creò la sua personalità fuori dal tempo. Perché creò l'uomo a sua somiglianza? Perché il modellamento della personalità è un processo individuale unico, che contiene al suo interno un elemento temporale comune a tutti gli uomini.

In che modo l'uomo può trasmettere delle conoscenze a qualcun'altro? Gli è sufficiente mettersi in fase con l'altra persona ed aiutarla a ristabilire il suo asse futuro, senza però toccare i suoi eventi. Per esempio – il suo asse è un po' piegato, mentre deve essere diritto, allora si può giusto raddrizzarlo, non è necessario conoscere gli avvenimenti. Ma è arduo raddrizzare l'asse se si tratta di eventi in rapporto alla salvezza universale, allora si può visualizzarne qualcuno.

© Грабовой Г.П., 2000

Controllando il tempo rispetterete l'indipendenza, la libertà dell'uomo, il segreto della sua informazione personale, (se non minaccia qualcuno o l'umanità). Raddrizzerete giusto la linea della persona, senza preoccuparvi dei suoi avvenimenti. Il tempo e gli eventi qui, sono due sistemi distinti, il tempo è separato dagli eventi. Solo il filo del tempo vi permette di valutare lo svolgimento della situazione per sapere quale direzione prendere.

Molte leggende parlano del filo conduttore che gli uomini seguono, senza visualizzare lo spazio, vale lo stesso per voi: è sufficiente fare la diagnosi con il vostro spirito per vedere questo filo del tempo.

Lo spirito entra nella fase degli eventi infiniti, in ogni caso, ad un certo livello, è legato a tutti gli avvenimenti. Basta oggettivare il tempo per scorgere il loro punto di giunzione. Capiamo che si tratta di una manifestazione di Dio, ma tecnologicamente parlando, questo punto è presente in ogni oggetto.

Si vede chiaramente come, a partire da questo punto di giunzione del tempo e di un evento, si crea la materia, essendo il tempo una specie di cristallizzatore. Quindi per rallentare la crescita di un tumore – in modo che la persona auto-guarisca, bisogna trovare il focolaio dove comincia la cristallizzazione del tumore, si può visualizzare l'interruzione del tempo, il suo rallentamento per far sì che il tumore si dissolva. Non avete bisogno di studiare la struttura cellulare .La diagnosi dell'organismo consiste nel valutare i sistemi temporali. Ogni sistema determina con precisione il tempo dell'uomo, quello di ogni organo e di tutti gli eventi al tempo stesso.

Ogni religione produce una nuova tappa nell'evoluzione dell'umanità. Oggi la via integrale passa dall'unione delle religioni, dall'integrazione del pensiero, la barra verticale della Croce (Cristiana) corrisponde al sistema organico. Quell'orizzontale rappresenta la linea del futuro. Lo spicchio di luna simbolizza la conversione della forma sferoide in altre forme. C'è un tempo per agire e uno per evolvere, l'integrazione è la trasformazione del tempo in spazio e il controllo del tempo. Otterrete così il controllo degli eventi.

© Грабовой Г.П., 2000

Per quanto possibile, servitevi di questo corso come elemento di pilotaggio. Utilizzate questi elementi ottici del tempo, che completerete con i principi della conoscenza. È auspicabile che lavoriate in maniera intensa, senza soffermarvi su questa o su quella parte, per dissezionarla. Questo corso vi permetterà di controllare il tempo più rapidamente, più facilmente.

****

© Грабовой Г.П., 2000

ESERCIZI E TECNOLOGIE

Tecnologia: regolare il proprio sistema di controllo del tempo.

1. Osservate Dio che dispiega lo spazio-tempo dove l'uomo abita ed esercita la sua attività. Osservate il tempo, proprio a più livelli di esistenza, infiltrarsi nella struttura dello spazio "orologio interno del tempo" formare delle cellule del legno. Studiate l'armonia di tutti i processi spazio-temporali.

2. Comprendete che Dio, che crea la struttura di controllo del tempo, e che la regola costantemente, accorda allo stesso tempo potere all'uomo.

3. Uscite fuori dal vostro controllo del tempo, osservate la sua sfera dall'esterno, vedete che essa determina l'evoluzione di tutti i processi fisiologici nel vostro corpo.

4. Create un impulso di luce e inviatelo al vostro sistema di controllo del tempo. Per quanto possibile vedete il vostro impulso di luce penetrare nella vostra sfera di controllo, passando da punti ben precisi.

5. Questa tecnica vi permette di regolare i processi temporali della vostra vita a lungo termine, fino a cento anni e forse più.

6. Una volta che l'impulso di luce è nella sfera di controllo, potete vedere istantaneamente i flussi di informazione temporale colare attraverso i canali speciali verso lo spazio fisico che è il vostro corpo. Potete sentirlo interiormente come una corrente impetuosa d'informazione.

7. In seguito al controllo che avete effettuato, potete sentire una distensione interna, non è unicamente psicologica, ma anche fisica, percepita a livello di vari organi e anche dalle cellule. Talvolta potete provare una sensazione di leggerezza e libertà.

© Грабовой Г.П., 2000

8. Per aumentare il vostro potenziale relativo a questa tecnica, dovete sincronizzare il tempo controllato e quello di Dio, vale a dire, con la totalità della Sua azione temporale.

Esercizio: Sviluppare la facoltà di vedere gli eventi nel contesto temporale.

1. Servendovi di una carta geografica, sondate, con il vostro occhio spirituale, la superfice dell'Oceano Pacifico, o Atlantico, verificate se presenta delle curvature spazio-temporali che indicano che una tempesta vi si prepara.

2. Se potete verificate i dati ottenuti ricorrendo, l'indomani alle fonti di informazione accessibili.

Esercizio: Sviluppare la facoltà di vedere l'azione dell'Anima in ogni punto del Mondo.

1. Per imparare a vedere l'azione dell'Anima, in ogni punto del Mondo, non è indispensabile prendere il Mondo intero in un momento preciso. È sufficiente scegliere una regione più vicina, nei limiti della quale si può realmente percepire l'azione temporale della propria Anima.

2. Prima di fare l'esercizio, potete cominciare con il contemplare degli oggetti nella vostra stanza, oppure in un angolo della natura a vostra scelta.

3. Osservando le azioni che producete mentalmente, realizzate che il vostro impulso interagisce con tutti gli oggetti che percepite uno dopo l'altro. Visualizzate come se palpaste lo spazio davanti a voi.

4. Poco a poco, vedrete che basta uno solo dei vostri impulsi a mettervi in interazione con tutti gli oggetti che vedete al momento. Vi rendete conto che il campo di azione della vostra Anima si espande sempre più.

© Грабовой Г.П., 2000

5. Scegliendo ora questa regione, accordate la vostra azione temporale a quella di Dio.

Tecnica: Creazione di oggetti propizi all'evoluzione dell'uomo e dell'universo.

1. Per costruire una casa solida e stabile, l'uomo deve sincronizzare la sua azione a quella di Dio, orientata verso lo sviluppo infinito di questo oggetto.

2. La prima cosa che l'uomo deve fare in questo senso, è fissare l'obiettivo di costruire una casa di questa qualità. Facendo ciò l'uomo si rende conto di ciò che Dio vuole da lui. Lo percepisce come suo compito e ciò è sufficiente affinché Dio gli conceda il tempo necessario alla costruzione.

3. L'uomo deve solo seguire il piano di Dio, acquisendo e trasportando i materiali, quando agiscono entrambi allo stesso livello temporale, le loro azioni si accordano.

Tecnica: Fare in modo che l'uomo possa controllare il tempo.

1. Per poter controllare il tempo, l'uomo deve avanzare insieme a Dio all'interno della struttura temporale ed avere lo stesso suo statuto.

2. Il termine "stesso statuto" significa all'occorrenza che Dio e l'uomo si concentrano sull'infinito e l'evoluzione eterna.

3. Dato che Dio nella sua percezione, è sempre incentrato sull'infinito e l'eternità, l'uomo deve fare lo stesso per raggiungere il suo obiettivo.

4. Quando l'uomo si concentra sull'infinito e sull'eternità, nello stesso momento di Dio, riesce a controllare il tempo. Il tempo appare come una sfera, controllabile da Dio e dall'uomo insieme a Lui.

© Грабовой Г.П., 2000

Tecnica: Raggiungere lo stato nel quale l'uomo non invecchia.

1. Per comprendere questa tecnica, occorre sapere che il tempo è uno specchio nel quale si riflettono i processi interni dell'uomo, inoltre, bisogna notare che il tempo stesso è intelligente.

2. La percezione dei riflessi multipli della propria immagine nella struttura del tempo, permette all'uomo di fermare il processo d'invecchiamento.

3. Visualizzando la vostra evoluzione eterna e quella del Mondo, all'infinito, create uno specchio del tempo a tre ante.

4. Vedete nello stesso momento il vostro riflesso in tutte le ante. Ciò vi permette di stabilizzare il vostro stato attuale nello specchio del tempo.

5. Affinché, la coscienza collettiva percepisca la vostra azione, come reale, è necessario creare dei riflessi di tutti gli elementi del Mondo. Ciò vi permette di vedere che la vostra Anima agisce in maniera creativa in ogni punto del Mondo.

**Tecnica: Valutare il tempo che resta
prima della realizzazione di un evento atteso.**

1. L'Anima di ogni persona è continuamente legata a tutti gli eventi del futuro, perché li crea unitamente a Dio, è così che evolve verso il futuro.

2. Visualizzando in questo modo la struttura dinamica della sua Anima, o la sua linea temporale, l'uomo può distinguere una forma segmentata di colore dorato o argentato, egli può servirsene come misura per valutare il tempo che resta prima di un atteso evento.

3. Il ristabilimento di un organo e o l'auto-guarigione totale dell'uomo che effettua il suo auto-trattamento, l'armonia ottenuta dopo una crisi, sono degli avvenimenti che un uomo si aspetta.

© Грабовой Г.П., 2000

Tecnica: Armonizzazione energetica di ogni disturbo psico-fisico complesso, che abbia una forma temporale (disturbi psico-fisici sistemici, allergie, tumori, etc.)

1. Per cominciare, concentratevi sull'infinito e sull'eternità.

2. Vedete il tempo in quanto struttura intelligente.

3. Vedetelo in forma di sfera onnipresente, che Dio o voi potete prendere tra le mani.

4. Fissatevi un obbiettivo secondo il Creatore – l'auto-guarigione – ad esempio. Convertite la sfera del tempo, in cubo o in un'altra forma. Il tempo intelligente, che comprende il vostro obbiettivo secondo il Creatore, cambierà il corso del vostro disturbo psico-fisico temporale e ristabilirà le funzioni del vostro organismo. Dopo il vostro intervento, potrete scorgere la luminescenza delle parti del corpo squilibrate.

Esercizio: Identificare il processo ecologico che potrebbe provocare dei disturbi psico-fisici.

1. Concentratevi sul vostro stato di salute attuale e sul suo stretto rapporto con il vostro stato nell'avvenire.

2. Determinare il vostro futuro stato di salute in funzione delle condizioni attuali.

3. Se constatate che la vostra salute potrebbe essere alterata, verificate se ciò potrebbe essere legato ai vostri processi temporali o causato da problemi ecologici.

4. Se l'eventuale peggioramento della vostra salute è provocato dai problemi ambientali del vostro paese, capite ciò che dovete fare per essere protetti ed evitare il degrado della vostra salute e quello di tutti gli altri.

© Грабовой Г.П., 2000

Esercizio: Comprendere che l'uomo agisce nel tempo.

1. Contrariamente ai minerali e alle piante, l'uomo agisce nel tempo non soltanto quando è immerso nella struttura temporale. I seguenti fattori possono essere sufficienti affinché si parli della sua azione temporale;
a) delle sensazioni interne o cutanee provocate da un'azione.
b) la presa di coscienza, della riproduzione del suo Mondo interiore, della sua interazione con l'esterno e della sua evoluzione nel tempo.

2. Mettevi in stato di preghiera, di dialogo con Dio, preparatevi a passarGli le vostre informazioni, compiendo le vostre azioni abituali.

3. Se al momento di questo dialogo con Dio, risentite degli effetti del tempo sulla vostra pelle o all'interno di voi stessi – o percepite un'evoluzione interiore, vuol dire che la vostra azione è situata nel tempo, nella materia.

4. Ciò vuole anche dire, che attraverso questo contatto con Dio, la vostra Anima compie un'azione temporale sincronizzandola con quella di Dio. In altre parole, state modellando il vostro corpo fisico e lo spazio fisico che lo circonda.

5. Comprendete che il vostro passaggio dal livello atemporale a quello temporale, vale a dire nel Mondo materiale, non è altro che il vostro contatto con Dio. Così siete nella struttura del tempo, e insieme a Dio organizzate gli spazi atemporale e temporale.

Tecnica: rigenerare gli organi umani.

1. in maniera consapevole, tramite una preghiera o un pensiero spirituale, entrate in contatto con Dio. Sempre sentendovi uniti a Dio, proiettatevi nell'interfaccia tra lo spazio-tempo e lo spazio atemporale, dalla quale si possono attingere dei sistemi già pronti.

© Грабовой Г.П., 2000

2. Percepite lo spazio infinito e l'evoluzione perpetua del Mondo.

3. Avete già determinato il compito da risolvere, che corrisponde a ciò che Dio vuole per voi: creare un organo a partire da questa interfaccia. Si tratta di un livello in cui si regolano i problemi, e allo stesso tempo vi rendete conto dell'efficacia del vostro intervento. Create la struttura informazionale del vostro organo e trapiantatela nello spazio-tempo, cioè nel vostro corpo fisico.

4. Potete così combinare il controllo del tempo, legato alla creazione dell'organo con il pilotaggio universale. Quest'ultimo vi serve per controllare i legami sistemici tra gli organi, mentre il primo (il controllo del tempo) – a creare gli organi.

Tecnica: Aumentare il margine di tempo per l'azione dell'uomo.

1. Ogni opera di Dio è orientata verso l'infinito, si tratta di uno dei principi di base della sua azione, di cui bisogna tener conto. L'universo è stabile perché Dio lo crea in ogni istante, in permanenza.

2. Quando l'uomo comprende ciò, si rende conto che l'infinito è una realtà oggettiva. L'infinito è l'informazione dell'universo, che l'uomo può percepire come una piattaforma di luce.

3. Questa luce non è limitata dal tempo, l'uomo deve soltanto mettervisi sopra per aumentare il suo margine di tempo nel momento in cui compie un'azione. Entra così nell'eternità, la cui luce rettifica il tempo degli eventi della sua vita, l'uomo può sentire il tempo dilatarsi. Ma in realtà è solo un'armonizzare dei processi temporali degli avvenimenti.

Tecnica: regolare le correlazioni temporali degli eventi, in altre parole raggiungere la libertà interiore delle proprie azioni.

© Грабовой Г.П., 2000

1. Il principio della libertà assoluta è possibile, quando l'uomo riesce a regolare le correlazioni temporali degli eventi. È risaputo che l'uomo può essere confrontato a degli affari meno importanti che lo distolgano dalla sua azione principale, cosa che intralcia la sua libertà rispetto ad essa.

2. Per raggiungere la libertà interiore, spesso è sufficiente porre il nostro spirito oltre il tempo, sopra il piano degli eventi fisici. Allora, lo spirito ed il corpo agiscono in modo coordinato.

3. Sempre controllando la sincronicità di queste azioni, sentitele propagarsi all'infinito al di sopra del piano degli eventi, anche se il vostro corpo sembra immobile.

4. Sincronizzate queste azioni del vostro spirito e del vostro corpo fisico, con l'azione della vostra consapevolezza.

5. Immergetevi nella vostra Anima, sincronizzate le sue azioni con quelle del vostro spirito, del vostro corpo e della vostra consapevolezza.

6. Fate un controllo sensoriale della simultaneità delle azioni dell'Anima, dello spirito, del vostro corpo e della vostra consapevolezza.

7. Questa sincronicità dei quattro elementi permette un'evoluzione creativa del tempo. Non ci sono più curvature strette, ne rallentamenti.

Tecnica: Armonizzare lo spirito, l'Anima, il corpo fisico e la consapevolezza durante la visualizzazione dell'ampiezza del loro movimento.

1. Armonizzare lo spirito, l'Anima, il corpo fisico e la consapevolezza visualizzando l'ampiezza del loro movimento. Potete farlo come una tecnica indipendente o con l'intento di verificare il buon svolgimento della tecnica precedente.

© Грабовой Г.П., 2000

2. Sul vostro schermo mentale, ponete lo spirito al di sopra degli eventi fisici ed espandetelo all'infinito, sempre osservando l'ampiezza del movimento.

3. In un colpo solo, armonizzate l'ampiezza del movimento dell'Anima, del corpo fisico, della consapevolezza e dello spirito.

4. Osservate il tempo regolare all'infinito il vostro avvenire, vedete il seguito degli avvenimenti che si svolgono senza intoppi. Potete constatare che la proiezione delle vostre azioni all'infinito, vi aiuta a determinare e costruire la vostra personalità.

Esercizio: valutare l'influenza di un oggetto esteriore (di una stella, un albero, una foglia) su un avvenimento, o sul corso di un disturbo psico-fisico.

1. Nella tecnica precedente, avete potuto constatare che, proiettando la vostra azione all'infinito, costruite la vostra personalità. Esaminando questa informazione, vedete che tutte le azioni e tutti gli eventi dell'universo partecipano alla costruzione del vostro corpo fisico e influiscono sui suoi vostri processi fisiologici.

2. Scegliete una stella lontana, visualizzatela e valutate la sua azione sui processi fisiologici nel vostro organismo.

3. Visualizzando un oggetto vicino, (un albero o una foglia d'albero), valutate la sua azione sui processi fisiologici del vostro organismo.

4. Vedrete che la maggior parte degli avvenimenti dell'universo equilibrano i processi fisiologici nel vostro corpo. Individuerete inoltre dei punti problematici dell'universo che richiedono il vostro pilotaggio.

Tecnica: Armonizzare le azioni e gli eventi che si producono nell'universo.

1. Basandovi sulla pratica precedente, individuate i punti problematici dell'universo che dovete armonizzare attraverso il pilotaggio.

2. Vedete l'infinito sotto forma di un piano luminoso che avanza verso di voi.

3. Concentratevi su questo piano e fate riflettere la sua luce su un avvenimento scelto.

4. Alla fine della concentrazione, dovete vedere i vostri eventi e voi stessi in maniera positiva.

Tecnica: Sviluppare la facoltà di vedere il lato nascosto degli oggetti.

1. Prima di tutto, preparatevi a percepire l'infinità dello spazio e del tempo.

2. Guardate un oggetto con i vostri occhi fisici. Poi scivolate con lo sguardo spirituale sul suo lato nascosto. Potete constatare che in questo caso, il vostro campo di visione non è lineare, ma piuttosto periscopico. È in questo modo che Dio creò lo spazio.

Tecnica: Sviluppare la capacità di vedere la struttura interna degli oggetti, compreso il livello molecolare.

1. Come per la tecnica precedente, preparatevi a percepire l'infinità dello spazio e del tempo.

2. In seguito percepite il piano atemporale e il piano del tempo dinamico.

3. Nella fase seguente, create e percepite il sistema dei corridoi di cui Dio si serve per fare "colare" il tempo nello spazio. Si tratta di vedere l'atto con il quale creò il corpo che esaminate. Comprendendo il suo atto, comprenderete Dio stesso. Così sarete in grado di vedere tutte le microstrutture.

4. È importante che uscendo da questo spazio-tempo, facciate lo stesso percorso di quando siete entrati. Ciò vi permetterà di acquisire più facilmente nuove tecniche di controllo del tempo.

© Грабовой Г.П., 2000

Tecnica: Aiutare qualcuno a gestire i suoi eventi ristabilendo il suo asse del tempo.

1. Scrutate spiritualmente l'asse del tempo della persona che volete aiutare.

2. Trovate delle parti piegate o alterate.

3. Senza volere comprendere gli eventi della persona, sollevate e raddrizzate il suo filo del tempo.

Tecnica: Indurre un processo di auto-guarigione in qualcuno per armonizzare un disturbo psico-fisico temporale (un tumore) rompendo il tempo.

1. Scrutate spiritualmente il filo del tempo.

2. Vedete il posto dove il disturbo psico-fisico in questione è fuso con il tempo. Si tratta di una situazione di urgenza che necessita del vostro pilotaggio.

3. La tecnica consiste nel ritardare il corso del disturbo psico-fisico. Concentrando la vostra consapevolezza nel punto dove il tempo e il disturbo psico-fisico sono in fusione, dovete riuscire a rompere questo lasso di tempo. In altre parole, visualizzate il tempo e il disturbo psico-fisico separati.

4. Osservate il tumore, e vedrete che, non soltanto non evolve più, ma scompare.

****

© Грабовой Г.П., 2000

Grigori Grabovoi

INSEGNAMENTO SULL'AMORE E SUL RINGIOVANIMENTO

INSEGNAMENTO SULL'AMORE E SUL RINGIOVANIMENTO

In precedenza ho presentato l'insegnamento sul sistema di educazione prenatale, su Dio, sulla salvezza e lo sviluppo armonioso, sulla felicità e il tempo. Qui esporrò i principi fondamentali di una parte integrante del mio sistema – L'insegnamento sull'Amore – Questi insegnamenti troveranno applicazione nella prevenzione delle catastrofi planetarie, e permetteranno di assicurare uno sviluppo armonioso dell'umanità. Aggiungerò man mano nuove tecniche di pilotaggio, queste strutture saranno inoltre arricchite e approfondite, grazie alla partecipazione di ognuno alla gestione della realtà. **L'insegnamento sull'Amore** non esclude le azioni eseguite allo scopo di guarire, poiché Dio crea l'uomo grazie all'Amore.

Cos'è l'Amore dal punto di vista di Dio e da quello degli uomini? Quando un essere umano conosce uno stato d'Amore, senza poterne determinare la sorgente tangibile, si sente avvolto da una luce intensa. Allora realizza che l'Amore sembra sorgere dal nulla, ma che è ovunque da sempre, che è il fondamento stesso dell'Universo, e ciò rende possibile l'idea della salvezza universale.

Per Dio ogni azione è un'espressione del suo Amore verso Se stesso e il Mondo manifesto. Ugualmente quando un uomo agisce in modo giusto, dimorando nell'Amore, lo fa come il Creatore. Così può salvare un malato affetto da un cancro in fase terminale o l'umanità da una catastrofe planetaria. Tutte queste azioni non sono altro che delle manifestazioni dell'Amore che Dio ha per se stesso e per il Mondo. Un'azione eseguita nell'Amore ha una forza tale da segnare, allo stesso tempo, tutti gli aspetti di un individuo e l'intero Universo. È un'operazione della coscienza divina concentrata in un punto. Nella fase seguente, grazie all'intervento divino, l'uomo riuscirà a resuscitare

© Грабовой Г.П., 2000

i morti e se stesso, se prova questo Amore che permea tutto, senza una ragione apparente.

Se domandate a qualcuno da dove viene l'Amore, non avrete per forza delle risposte precise, anche se capite logicamente che l'origine dell'Amore è Dio. L'Amore universale, appare come un sistema che riunisce le azioni di Dio e dell'uomo stesso, in una sola azione comune della quale si è al tempo stesso i soggetti e gli oggetti. Di conseguenza, il corpo umano, che è un frutto dell'Amore di Dio per il Mondo manifesto, è chiamato a partecipare alla trasformazione di quest'ultimo.

Apparentemente, il controllo logico della realtà non segue l'Amore che supera ogni ragionamento. Per poter partecipare a questo pilotaggio, si deve comprendere dove la logica di Dio raggiunge il suo Amore per l'uomo. Per Dio, controllare la Sua creazione, vuol dire assicurare la vita del frutto del suo Amore, fornire a lui i mezzi per risolvere i suoi problemi. Invece, l'uomo si vede incapace di controllare gli eventi della realtà, poiché non li ha creati come Dio. Ciò gli sembra illogico. Deve solo Amare, cioè – situarsi fuori dal suo sistema di controllo.

Paragonate alla creazione di Dio, anche le azioni dell'uomo, come la procreazione, l'Amore per i suoi simili e per la natura, contribuiscono all'edificazione del Mondo manifesto. Seguendo questa logica, arrivate alla conclusione che tutto ciò che vi circonda è creato dall'Amore, il vostro Amore per Dio si traduce con lo stato d'animo con il quale compite le vostre Azioni al servizio dell'evoluzione perpetua.

Dio spande senza misura il Suo Amore sul Mondo, la Sua fiamma brilla nel cuore di ogni essere umano, se lo sapete riconoscere, potete allora canalizzare la sua energia nella creazione evolutiva. Ciò è sicuramente possibile, a condizione che i vostri impulsi e le vostre intenzioni siano in accordo con quelli dell'Universo.

L'Amore dimora ugualmente in un livello che si potrebbe chiamare "zona di pre-pilotaggio". Essendo ritenuti dal vostro

© Грабовой Г.П., 2000

corpo fisico, subite le limitazioni di tipo organico, ma passando ad una velocità supersonica, potreste raggiungere questa sfera.

Una volta dentro, osserverete le funzioni del vostro corpo, gli avvenimenti della vostra vita si svolgeranno davanti a voi. Ogni essere umano, se si guarda attraverso il prisma dell'Amore, è capace di vedere chiaramente il suo avvenire. Si tratta di un sistema pronostico infallibile per colui che non devia. Per riuscirci bisogna amare continuamente tutti e tutto ciò che si fa.

Un quadro, un dittofono, un'automobile o un oggetto di legno, ogni cosa fatta nello spirito dell'Amore, serve all'evoluzione perpetua. L'informazione contenuta nelle opere realizzate secondo il modello dell'Amore incondizionato si iscrive nell'eternità, che si esprime attraverso una persona. In altri termini, colui che agisce con Amore testimonia l'eternità. A sua volta, il Mondo esterno, dove l'uomo si evolve, gli esprime il suo Amore. Ogni elemento della creazione è intessuto d'Amore. L'Amore sincrono di tutti gli oggetti informati, genera il presente, ogni molecola di una foglia è creata dall'Amore Universale.

Ora potreste chiedervi in che modo un uomo che è vissuto migliaia di anni fa abbia partecipato alla creazione di qualche elemento di questa foglia. Succede che il momento dell'azione dell'uomo, la sua nascita, fu determinato dalla pianta. In altre parole l'Amore che il Creatore provò alla sua nascita, si espresse attraverso la foglia. Ogni evento del Mondo esterno è basato sull'Amore di Dio, che compie ogni cosa nello stesso momento.

Volendo potreste descrivere un'azione di Dio, ma le parole non sono sufficienti per rappresentare l'Amore nella sua totalità. Si tratta di qualcosa che supera il piano della parola. Propongo una tecnica di guarigione che consiste nell'esaminare la luminosità dell'Amore prima di una malattia e dopo la guarigione. Sappiate che non ci sono eventi negativi, là dove risiede l'Amore. È questo il livello originale dato da Dio.

Quando comprenderete questo livello, sarete veramente capaci di comporre con esattezza il campo degli eventi, dove

© Грабовой Г.П., 2000

ogni elemento sarà eterno. Come già detto, esiste un punto dove è concentrato l'Amore di tutti gli esseri, perché l'uomo nasce dall'Amore e per Amore. Solo colui che ama viene in questo Mondo ed entra in relazione con l'Amore dei suoi elementi diretti verso di lui. L'armonia è un Amore reciproco, che non è sempre considerato in senso fisiologico.

Se considerate come una materia organica permette all'uomo di vivere, potete allora affermare che l'aria ama l'uomo, allo stesso modo tutte le interazioni delle molecole dell'aria sono un'espressione dell'Amore reciproco di elementi simili, che crea un livello d'intelligenza. Quindi l'aria è un sistema intelligente, La terra ne è un'altro e così di seguito.

È l'Amore a rendere tutto il sistema dell'Universo estremamente intelligente. Nell'Amore, ogni oggetto informato si realizza senza nuocere agli altri, questo livello li avvicina a Dio. In realtà sono vicini a Lui sia gli uni che gli altri. Così abbiamo un sistema universale di pensiero fecondo. È più pratico ragionare stando nel campo dell'Amore per il Mondo o per se stessi, anche se molti salvatori talvolta si dimenticano di sè. Infatti si vedono attraverso il Mondo, sul piano fisico si occupano prima degli altri, ma si vedono agire nell'Anima di Dio. Sono investiti di una missione da Lui. Ne consegue che se il vostro metodo di pilotaggio è fondato sull'Amore accedete subito al livello macroscopico e perseguite l'obiettivo del Dio unico, il vostro pensiero diventa sincrono a quello di Dio, vi conduce sul cammino dell'evoluzione eterna. Quando arrivate a pensare allo stesso istante con il Creatore, notate e sentite che il vostro corpo è perfettamente sano, equilibrato ed eterno, in altre parole, l'eternità è realmente presente nella vostra vita.

In verità l'uomo, percepisce la materia organica del suo corpo fisico come l'Amore crescente del Creatore. L'espansione dell'Amore determina la linea di vita di un essere umano. Egli può percepire questa espansione come una specie di pressione al coccige, la sente anche prima della sua concezione. La sua Anima percepisce la realtà fisica così distintamente, da non separarne la sua essenza immateriale prima della nascita. Ciò non è altro che lo spazio dove Dio dimora, nemmeno Lui vede alcuna

© Грабовой Г.П., 2000

differenza tra la sostanza materiale e quella dello spirito, sia l'una che l'altra sono in Suo potere. Dunque, quando parlo del corpo fisico del Dio unico, voglio dire che vive come un essere umano ordinario, ma lo spazio dell'Amore per Lui è il Mondo, così come gli uomini lo percepiscono.

Quando considerate il principio di pilotaggio del quale si serve ogni essere umano, osserverete che l'Amore è il cemento della vostra unione con la vita eterna. Rispondendo alla domanda sul Mondo del futuro, si può dire che sarà un Mondo d'Amore. Tutti gli oggetti informati vi saranno costruiti sull'Amore, dunque saranno immortali, indistruttibili. La realtà fisica del futuro sarà eterna, perché entrerà nella fase che si può definire "pre-azione" questo prima che la distruzione di questa materia sia possibile.

Se dopo questa fase, si esaminano le leggi fisiche, si comprende perché è impossibile tagliare una molecola con un coltello. All'interno degli oggetti fisici c'è una struttura nascosta che non si può raggiungere, l'uomo non può modificarla con un azione fisica esterna, anche se si tratta di oggetti creati da lui.

Al contrario, un'esplosione nucleare può provocare dei cambiamenti. Allora come fare perché la vostra creazione non subisca gli effetti distruttivi? La risposta è: il vostro Amore deve essere molto forte per impedire la distruzione della vostra opera o del vostro avvenimento. Questo Amore è talmente intenso che lo vedete chiaramente, quando volete scorgere i vostri eventi lontani e renderli felici, dovete amarli. Sia che si tratti degli eventi che si produrranno fra dieci anni, sia che siano avvenuti dieci anni fa. Allora per riportare alla norma degli eventi futuri, dovete amare il vostro passato. Se guardate con Amore gli avvenimenti che risalgono a dieci anni fa, armonizzate la vostra vita per il prossimo anno, e così di seguito. Dio ha regolato tutto in questo modo: più evolvete, più amate tutti.

Accade che scoprite la vostra verità, capite che il vostro corpo è eterno, perché ama tutti ed è amato da tutti. Ma non si tratta di una nuova forma d'Amore, è il sentimento che l'uomo ha sempre conosciuto, solo in seguito agli avvenimenti che si svolgono con precisione, tutti gli oggetti sono eterni. In altre pa-

© Грабовой Г.П., 2000

role, l'Amore conduce l'uomo verso la struttura eterna, l'uomo può anche non rendersene conto.

Arrivati ad un certo livello di pilotaggio, l'uomo non è più soggetto ad effetti negativi, riesce a prenderne coscienza con semplicità poiché è guidato dall'Amore. L'Amore è il suo faro situato al di fuori dello spazio-tempo. Non siete costretti ad associare la nozione d'Amore ad un'azione concreta, è sufficiente vedere l'Amore e seguirlo.

Se volete ristabilire la vostra salute o armonizzare un evento, allora il criterio da osservare strettamente è l'Amore. In tal modo assolvete i compiti legati allo sviluppo armonioso della vita eterna contemporaneamente. E principalmente, seguite la vostra persona, per la vostra persona la cosa essenziale è l'Amore. Quando dovete risolvere un problema su scala universale, l'Amore-faro, vi indica la giusta e buona direzione, né lo spazio né il tempo hanno presa su di voi. Si manifesta una pace interiore, la pace dell'Amore che si avvicina all'eternità, osservate l'eternità che vi modella.

In realtà vedete un fiume colare verso di voi, c'è un punto attraverso il quale questo singolare fiume penetra continuamente nel corpo – è l'Amore che entra in voi – nel vostro cuore, e a partire dal cuore, si diffonde, tessendo tutto il vostro corpo. Questo processo non si ferma mai, infatti, è Dio che vi crea costantemente.

Quando imparate questa tecnica, siate consapevoli che potete fare da soli alcune cose. Riuscite ad accelerare questo fiume, a fermarlo per studiarlo. Allora vi accorgete che questo punto d'entrata in voi, si trova nel vostro corpo e allo stesso tempo, al di fuori di esso. In realtà si tratta di una cellula che è identica a quella che possiede Dio, si manifesta in un certo modo, ivi compreso negli eventi. Qualche volta lampeggia quando si tratta di avvenimenti difficili o situati in un futuro lontano, la sua luminescenza locale molto intensa, testimonia un evento molto difficile da superare. Noterete che questa luminosità vi circonda, è il Mondo esterno che vi viene in soccorso. L'aiuto dell'Universo è concentrato nella cellula in questione. È un livello intermediario

© Грабовой Г.П., 2000

dove Dio è presente, che l'Amore attraversa per entrare in voi e tessere il vostro corpo. Pensando a questa cellula, la vedete realmente ri-generare il vostro cuore, nella dolcezza e nell'armonia. È un potentissimo meccanismo per rigenerare il cuore e i vasi sanguigni.

Allo stesso modo potete rigenerare la tiroide, il cervello, etc. È sufficiente conoscere la localizzazione dell'entrata dell'Amore di Dio in voi. Una volta trovata la cellula identica a quella di Dio, comprenderete che l'evoluzione eterna vi chiede di averne diverse – dappertutto nel corpo. Dovete capire come si forma il corpo fisico di Dio-unico, si forma a partire da una cellula o da un gruppo di cellule di questo tipo. Questo processo testimonia l'Amore di Dio per tutta la sua creazione. Una volta compreso questo meccanismo, una moltitudine di cellule appare nel vostro organismo. La sola cosa che vi distingue da Dio, è che Egli è interamente composto da queste cellule. Perché il vostro modello corrisponda esattamente al prototipo, e la vostra percezione non vi separi dal corpo fisico di Dio-unico, è sufficiente amare allo stesso tempo la cellula matrice e quella che le assomiglia. Le due si fusioneranno e daranno vita a una cellula eterna. Sarà la vostra creazione.

Questa che ho appena spiegato è una tecnica d'Amore che vi permette di creare e fare in modo che – tanto i vostri eventi lontani che quelli vicini siano benefici, anche in situazioni estreme dove si produca qualcosa di grave, potrete uscirne incolumi.

Potrete rigenerarvi, ristabilirvi senza alcun problema, a condizione di concedervi del tempo. In alcuni casi una persona dice a se stessa che Dio gli ha dato un obiettivo da seguire, e così economizza il tempo per se stessa. Ora, un solo impulso d'Amore vi dà il tempo infinito per rigenerarvi, lo percepite come infinito. Vi basterà trattare con Amore uno dei vostri sistemi cellulari, e il vostro organismo interpreterà ciò come un impulso senza fine.

Appena avrete imparato a ripartire queste onde d'Amore nel vostro organismo, vedrete che siete capaci di comporre il vostro corpo partendo dall'interno. Il corpo percepisce il Mondo esterno nell'armonia. Percepirete costantemente un vento leggero

© Грабовой Г.П., 2000

intorno alla cellula che lascia passare l'Amore divino in voi. E il Mondo diventa molto felice, è davvero felice in questo momento.

Una volta che avete ritenuto ciò possibile, potete porvi la domanda: come fare affinché questo stato d'animo duri, sia permanente e che i vostri affari non l'influenzino? In base al mio – **Insegnamento sull'Amore** – esiste un sistema di trasmissione delle conoscenze. Se qualcuno non lo sa fare, lo può comunque gestire abbastanza a lungo grazie agli sforzi collettivi degli altri. Ma l'Amore che brilla in fondo alla vostra Anima vi dice che questa persona, deve capire e farcela da sola. Allora il Mondo sarà davvero armonioso.

La nozione della morte sparirà, tutti i morti resusciteranno e riprenderanno il loro posto. Sarete nello spazio dove Dio dimora, dove tutti gli elementi della realtà esteriore avranno un valore iniziale. Nonostante ciò, la memoria non sarà cancellata. Tutti capiranno cosa c'è nella morte biologica, ma in questo spazio, questa legge sarà abolita. Saranno tutti resuscitati.

Quando vi accederete con il vostro pilotaggio, con il vostro pensiero, noterete che la forma stessa del pensiero si rigenera, non soltanto il corpo. Il pensiero diventa positivo, per esempio, un mal di testa sparisce, la persona non risente più pressione ed il suo pensiero diventa rapido e fecondo, il corpo si rigenera in modo intenso. Così l'Amore è il mezzo per restaurare l'Anima, il pensiero, la coscienza e in seguito il corpo.

Se riuscite a ragionare al posto di una delle vostre cellule, vedrete che per lei il vostro corpo rappresenta l'Amore. Come voi lei non capisce sempre perché ci sia una malattia in qualche parte del corpo. Così come l'uomo evolve e interagisce con il Mondo esterno, le cellule si comportano all'interno dell'organismo. Quindi l'Amore è la misura universale. Se riparate il sistema esterno restaurate le cellule.

Così, guarire, saper ristabilire la propria salute, è un meccanismo potentissimo per restaurare il Mondo esterno. L'uomo

© Грабовой Г.П., 2000

si rende conto che il suo corpo è un regolatore del Mondo intero, se lo considera come un frutto dell'Amore, se capisce i meccanismi del suo sviluppo, che gli ha offerto Dio all'origine della sua esistenza. Allora, semplicemente amando, scopre Dio, l'Amore di Dio che si esprime attraverso la persona che assolve un compito ben preciso. Malgrado ciò, spesso non lo considera come una missione personale, perché a questo stadio, percepisce il Mondo allo stesso modo di Dio, raggiungendo una libertà personale assoluta.

Quando avete questa visione delle cose, le vostre malattie più complesse svaniscono senza lasciare traccia, i vostri eventi si trasformano e si normalizzano seduta stante. Si direbbe che un evento negativo non sia mai avvenuto. Anche la sua informazione è cancellata. L'Amore vi da accesso ad un livello di pilotaggio identico a quello di Dio.

Questo pilotaggio è esclusivamente verso la creazione, verso l'eternità. Se lo capite, avete tra le mani un sistema in cui tutti gli eventi si svolgono come Dio vuole. Nell'Amore vivete liberamente, senza che il vostro campo di azione sia alterato.

Tale sistema vi appare in questo modo. Se reagite ad una situazione con la ragione, ossia con la coscienza, L'Anima mette la coscienza in azione. Sul piano discontinuo, la coscienza è contrariata da qualcosa, l'Anima ha i suoi compiti. Ora nell'Amore, formano un sistema unito, il vostro spirito è il portatore dell'Amore che manifestate al Mondo e a Dio.

Sul vostro schermo mentale, vedete il vostro corpo come se fosse lontanissimo, come se camminaste da qualche parte e che migliaia di chilometri vi separino dal posto dove siete adesso, più ve ne allontanate, più viva sarà la luce che emana dal vostro cuore e dall'Amore. Alla vista di questa luce, sentirete una pace interiore. Vi sentite bene? Perché? Perché vi sentite liberi stando allo stesso tempo qui, e lontano, è il principio della libertà che viene dall'animo e dallo spirito. Vi permette di vedere Dio vivere sotto un aspetto umano, riuscite a comprenderlo.

© Грабовой Г.П., 2000

Quando lo capite, sul piano dell'Amore, vi rendete conto che potete vivere eternamente come Dio. È un meccanismo accessibile a tutti, provate ad applicarlo alle vostre azioni abituali, quotidiane, vedrete che la concentrazione più alta dell'Amore del Mondo verso di voi e più vicina a voi. Ad esempio – mentre fate la vostra prima colazione tutte le mattine, potete vedere una luminosità intensa vicina alla vostra pelle, riuscite così a vedere l'edificio del Mondo, ad accedere ad ognuno dei suoi punti. Questo fenomeno si avvicina più all'onniscienza che alla chiaroveggenza, benché voi potete vedere gli eventi del Mondo sotto forma d'immagini. Ora voi lo sapete. Questa conoscenza, che viene verso di voi dal Mondo esterno, ristabilisce il vostro corpo fisico. Si direbbe un involucro d'Amore che tocca quasi tutto il corpo.

Se ci fate caso potete notare che al mattino, il vostro sguardo interiore è attirato dalla stessa zona luminosa, nella zona al livello del cuore, al di sopra della pelle. Alcune persone anziane pongono il loro sguardo all'interno e fanno il pilotaggio come nella loro gioventù. In ogni modo la localizzazione di questa zona è più o meno la stessa. Questo luogo dove converge l'informazione dello spirito, dell'Anima, del corpo fisico dell'uomo, di tutti i sistemi del Mondo dove Dio è presente. In realtà è il cammino dell'Amore che permette di regolare il nostro corpo fisico rispetto agli avvenimenti esterni.

Notate che nella vostra visione dell'Amore, solo l'Anima si distingue per la sua luminosità. In altri termini, l'Anima possiede un sistema matriciale fondamentale, ora l'informazione esteriore, (il corpo fisico di Dio) e l'informazione interna (lo spirito, la coscienza) rifulgono in maniera identica.

Dunque se vedete la vostra immagine da lontano, l'Anima è qualcosa che è vicina alla vostra persona. D'altronde la persona è spesso identificata all'Anima. Esiste anche il sistema di pilotaggio esterno, quando guardate la vostra immagine e capite che siete stati creati da Dio, riuscite a proiettarvi molto lontano con il pensiero. Ci sono invece delle persone che hanno appreso il teletrasporto, possono farlo fisicamente.

© Грабовой Г.П., 2000

Quindi il pensiero è un'azione. Nelle arti marziali orientali, il teletrasporto è spesso utilizzato come mezzo di pilotaggio. Quando riuscite a compiere questa azione, vi scorgete nello spazio dove risiede il corpo di Dio-unico. È lo spazio del suo Amore per voi, ciascuno si vede unico in questo posto concreto. Potete ritornarci per lavorare su voi stessi inviandovi dell'Amore come fa il Dio-unico.

Di conseguenza, propongo a ognuno di fare un esercizio di pilotaggio allo scopo di sviluppare il vostro Amore personale, che allo stesso tempo, deve essere universale. Quando lo vedrete come vostro, reale, vero, noterete che tutto ritorna alla norma. Ciò si produce prontamente e realmente.

Qui termina questo seminario.

****

© Грабовой Г.П., 2000

ESERCICI DI CONCENTRAZIONE, TECNICHE E METODI

È preferibile studiare gli esercizi di concentrazione e le tecniche che seguono insieme, accompagnati dalla parte teorica – dell'**insegnamento sull'Amore** – proposti da Grigori Grabovoi nei corsi pratici e nelle sue opere consacrate a questo soggetto.

La tecniche presentate qui di seguito servono da materiale di riferimento a coloro che hanno già studiato la parte teorica e seguito dei corsi pratici. Queste tecniche permetteranno loro di comprendere meglio gli esercizi e di fissarne le conoscenze.

ESERCIZIO DI CONCENTRAZIONE IN TRE FASI

Esercizio di concentrazione

Ristabilire la salute grazie alla percezione dell'azione universale dell'Amore.

1. Percepite l'Amore così come Dio lo vede, vedete che ogni azione di Dio è una manifestazione del suo Amore, per se stesso e per l'Universo.

2. Comprendete che Dio considera ogni azione cosciente dell'uomo come espressione dell'Amore per Lui e per l'Universo intero. Dio si ama percependo l'azione dell'uomo in quanto Amore.

3. Capite che la maniera in cui Dio percepisce l'azione creatrice dell'uomo, corrisponde alla realtà, che quest'azione è veramente una manifestazione dell'Amore dell'uomo per Dio e verso il Mondo intero.

4. Vedete la vittoria dell'uomo sulla malattia come un atto assolutamente creatore. Potete vedere i suoi effetti sull'uomo stesso e sull'intero Universo.

© Грабовой Г.П., 2000

5. Così l'uomo esprime il suo Amore attraverso un'azione creatrice. Per ristabilire la sua salute e nello stesso tempo partecipare alla realizzazione di compiti creativi su scala universale, l'uomo deve amare il suo organo malato e l'Universo intero. Questo Amore incondizionato deve penetrare l'organo malato e tutto il corpo dell'Universo.

ESERCIZIO DI CONCENTRAZIONE

Vedere l'azione universale dell'Amore e il proprio corpo fisico come espressione dell'Amore di Dio verso il Mondo.

1. Prefiggetevi l'obiettivo di vedere la sorgente originale dell'Amore. Constatate che la percezione sensoriale non vi permette di vedere chiaramente la sorgente unica dell'Amore, anche se comprendete logicamente che proviene da Dio.

2. L'assenza di una definizione concreta di sorgente originale dell'Amore, è dovuta al fatto che il corpo fisico dell'uomo, la sua azione e quella di Dio, sono riuniti in unico sistema che produce una sola azione comune. Voi siete al tempo stesso i soggetti e gli oggetti di questa azione.

3. Comprendete nuovamente che Dio agisce unicamente con Amore. Di conseguenza, anche il vostro corpo fisico è frutto del suo Amore. Attraverso il vostro corpo, Dio rivela il suo Amore al Mondo.

4. Percepite il vostro corpo fisico come una manifestazione dell'Amore di Dio per il Mondo. Concentratevi sul vostro organo malato o sul sistema di organi malati. Vedete che anche tale organo o sistemi di organi, è un'espressione dell'Amore di Dio per l'Universo. Risentite l'Amore emanato dal vostro Mondo infinito. Questo modo di percepire l'organo vi permetterà di ristabilire abbastanza rapidamente le funzioni.

© Грабовой Г.П., 2000

ESERCIZIO DI CONCENTRAZIONE

Comprendere la logica del pilotaggio tramite l'azione d'Amore dell'uomo, saper amare percependo l'Amore degli altri.

1. Capite che l'Amore in quanto Azione supera la logica umana.

2. Per avvicinarvi alla comprensione del pilotaggio logico attraverso l'Amore, dovete capire dove la logica di Dio raggiunge il suo Amore per l'uomo. Lo scopo di Dio è chiaro: assicurare la vita e l'evoluzione all'uomo.

3. Comparando la logica di Dio a quella dell'uomo, capite che l'uomo deve agire nell'Amore per preservare la vita. Constatate che la ragione umana fatica a realizzare tale compito, perché questa azione è più grande di lui. L'uomo non può reiterare le azioni di Dio mirando alla creazione dell'Universo: è esclusiva di Dio.

4. Comprendete che l'uomo deve semplicemente amare, se imita Dio, il Dio amorevole, che il suo Amore è un'azione. Attraverso il suo Amore l'uomo crea delle strutture, come l'Amore per gli altri, la nascita di bambini e la garanzia della più grande stabilità di tutti gli oggetti creati da Dio.

5. Osservate il risultato dell'azione dell'Amore dell'uomo, enumerato qui sopra, vedendo l'Amore di Dio, riconoscete che Dio esprime così il suo Amore a se stesso, agli uomini che realizzano il suo piano di evoluzione eterna dell'Universo. Dio vuole che vediate l'Amore espresso dai gesti del vostro bambino o da quelli di qualunque bambino.

6. Nell' Amore di vostro figlio o di un'altra persona, vedete l'Amore di Dio verso di loro. Comprendete che Dio dà il suo Amore senza limiti, che ognuno ne riceve tanto quanto quello di tutti gli altri messi insieme. L'Amore di Dio si esprime così attra-

© Грабовой Г.П., 2000

verso la vostra comprensione, ciò è possibile a condizione che i vostri impulsi siano in accordo con quelli dell'Universo intero.

7. Vedetevi vicini all'azione di Dio, quella che avete appreso durante il primo esercizio di concentrazione. Ciascun atto creatore, ogni manifestazione d'Amore di una persona verso il suo prossimo, ora la percepite come l'Amore per voi. Vedendo l'Amore-azione degli altri, vi amate come Dio vi ama.

Tecnica: Percezione sensoriale dell'Amore nel corpo fisico.

1. Pensate a qualcuno che volete aiutare o sostenere, indirizzandogli il vostro Amore. Vedetelo di fronte a voi. Concentratevi su questa persona e sul vostro Amore per lei, inviatele un impulso d'Amore. Allo stesso tempo, esprimete il vostro Amore all'Universo intero.

2. Grazie alla gran celerità del pensiero e della percezione, prendete un po' di distanza. Per far ciò, espirate lentamente. In questo modo prolungate il vostro impulso d'Amore, allo stesso tempo discernete la vostra zona di pre-pilotaggio. È una presenza di Dio e del suo Amore, questa zona è un contatto intimo con il vostro corpo fisico, la vostra pelle, davanti allo spazio dei vostri impulsi d'Amore.

3. Nel momento in cui la vostra attenzione è attirata dalla zona di pre-pilotaggio, cominciate a risentire fisicamente l'Amore. Spesso coincide con una sensazione di calore o di leggero bruciore gradevole sulla pelle.

4. Potete ripetere il vostro impulso d'Amore. Con il pensiero allontanatevi nuovamente per intensificare la percezione sensoriale della zona di pre-pilotaggio. Dopo questa tecnica, potete conservare una sensazione di calore o altro, per un tempo abbastanza lungo, fino a un'ora.

Tecnica: percepire in modo dettagliato le funzioni del proprio corpo e gli eventi del proprio avvenire grazie all'azione dell'Amore.

© Грабовой Г.П., 2000

1. Una volta eseguita la tecnica precedente, percepite fisicamente l'Amore, che potete risentire come un calore interiore.

2. Concentrandovi sulla percezione interiore del vostro corpo fisico e sulla vostra percezione sensoriale dell'Amore, esaminate le parti e gli organi del corpo, che vi preoccupano. Ciò vi permetterà di percepire e comprendere in modo dettagliato, i processi che si producono in questo momento, dentro il vostro fisico.

3. All'occorrenza, potete spostare e fermare il vostro pensiero sugli organi malati, per risentirvi l'Amore. Nel momento in cui risentite l'Amore dell'organo sul quale vi siete concentrati, ne ristabilite le funzioni.

4. Una volta stabilizzati i risultati, potete voltarvi verso il futuro, decidendo di risentire e percepire l'Amore. Questo vi permetterà di pilotare dal presente i vostri eventi futuri, che sono già iniziati.

Tecnica: Armonizzare gli eventi e ritrovare la salute osservando la luminescenza dell'Amore prima e dopo la malattia.

1. Percepite le azioni di Dio, sapendo che tutti i suoi gesti sono una manifestazione del suo Amore. Se vi prefissate l'obiettivo di descrivere l'Amore di Dio, potete certamente farlo, allo stesso tempo, comprendete che l'Amore di Dio supera ampiamente la sua descrizione, tutte le parole esistenti non bastano per dipingerlo.

2. Comprendendo che l'Amore è sempre in ogni cosa, esaminate la sua luminosità prima della malattia e dopo la guarigione, vedete le due luci intrecciate, ciò vuol dire che siete realmente guariti. Nella malattia l'Amore è assente, perché nell'Amore non c'è malattia.

3. Allo stesso modo si può esaminare la luminescenza dell'Amore prima e dopo un evento che bisogna riportare alla norma. La percezione dell'azione dell'Amore normalizza l'avvenimento sul quale agite.

© Грабовой Г.П., 2000

Tecnica: Ristabilire la salute vedendo il proprio corpo eterno attraverso il proprio pensiero sincronizzato con quello di Dio.

1. Comprendete che il pensiero ispirato dell'Amore permette all'uomo di accedere al livello Universale.

2. Capite inoltre che il pensiero costruito sull'Amore è un pensiero che vi conduce alla vita e alla pace eterna, in conseguenza pensate simultaneamente a Dio.

3. Sempre restando al livello Universale, percepite il vostro Amore e sentite realmente che vi precipitate verso l'eternità e la vita eterna, che è il vostro pensiero simultaneo e sincrono a quello di Dio.

4. Percependo il vostro pensiero sincrono a quello di Dio e il vostro Amore, sentite il vostro Amore, sentite il vostro corpo. Vedete che è in perfetta salute, armonioso, eterno.

5. Potete intensificare la sensazione di eternità nel vostro corpo, percependo coscientemente l'ampiezza del vostro pensiero sincrono a quello di Dio. Una tale percezione permette in effetti, di sincronizzare il pensiero a quello di Dio, e di rendere stabile la percezione dell'eternità, che in seguito ristabilisce la vostra salute.

ESERCIZIO DI CONCENTRAZIONE

Percepire l'Amore verso Dio come il proprio cammino di vita.

1. Vedete il Mondo futuro come un Mondo dove tutto è eterno e indistruttibile, perché costruito unicamente sull'Amore degli uni per gli altri, per il Mondo e per Dio.

2. Vedete che l'Amore per Dio riunisce tutti gli uomini. Constatate che amate il Mondo creato da Dio e Dio. Comprendete che il vostro Amore per Dio è il vostro cammino dell'evoluzione eterna.

© Грабовой Г.П., 2000

3. Vedete il vostro cammino nel tempo infinito. Capite che il vostro Amore per Dio è la vostra stessa essenza. Vi rendete conto che siete veramente Eterni.

Tecnica: Normalizzare gli elementi futuri dell'uomo.

1. Comprendete il vostro compito che consiste nel normalizzare gli eventi del vostro avvenire.

2. Visualizzate il cammino che avete percorso negli ultimi dieci anni e gli eventi vissuti durante questo tempo. Qualunque sia la vostra prima impressione su questo periodo, vedetela come qualcosa che vi ha resi ciò che siete oggi. Capite che questo tempo è legato al vostro avvenire. Il passato, il presente e il futuro non sono altro che una sfera di tempo.

3. Senza giudicare i vostri eventi di dieci anni fa, uno ad uno, amateli tutti, senza eccezione. Amateli: sono la nostra esperienza ed il cammino che avete percorso.

4. È il vostro Amore per tutti i vostri avvenimenti passati che regola il vostro futuro. Attraverso questa azione, potete regolare i vostri eventi per i prossimi dieci anni.

Tecnica: Costruire un corpo umano tramite un fiume d'Amore partendo da una cellula eterna identica a quella di Dio.

1. Vedete l'Amore come un faro che vi guida durante tutta la vostra vita, abbracciando tutto l'Universo. Questo Amore non si riferisce ad un'azione concreta e non si trova nello spazio-tempo abituale. Quindi ciò vi garantisce che né il tempo né lo spazio hanno presa sulle vostre decisioni. Siete sicuri che la totalità delle vostre decisioni, basate sull'Amore, è giusta per il Mondo.

2. Risentite la pace interiore e quella che viene a voi dall'eternità, in questo momento potete vedere l'eternità modellarvi.

3. Percepite l'eternità affluire in voi. È l'Amore che tesse in continuo il vostro corpo fisico, in realtà è l'Amore di Dio, attraverso la quale vi ha creato.

© Грабовой Г.П., 2000

4. Vedete che questo fiume d'Amore obbedisce al vostro pensiero. Potete rallentarlo prima di analizzarlo, potete accelerarlo, potete dirigere il suo corso all'interno del vostro corpo fisico.

5. Comprendete che l'Amore affluisce in voi attraverso una cellula, essa è simile a quella che è alla base del corpo fisico del Dio Unico.

6. La cellula in questione riunisce in sè l'aiuto che l'Universo intero vi apporta. È il livello che attraversa l'Amore per entrare nel vostro corpo fisico.

7. Osservate l'Amore affluire nel vostro cuore, che lo tesse in modo naturale e armonioso. Risentite il processo di guarigione del vostro cuore e dei vostri vasi sanguigni.

8. In seguito fate salire il flusso fino alla ghiandola tiroidea, rigeneratela, poi dirigete il flusso verso il cervello per restaurare le sue cellule e strutture.

9. Proseguite la vostra operazione di rigenerazione. Canalizzate il flusso attraverso il sistema osseo, dall'alto verso il basso. Poi diffondetelo in tutto il sistema muscolare, nell'ipoderma, la pelle e i cappelli, rigenerando tutto.

Tecnica: Creare nel proprio corpo fisico, una nuova cellula identica a quella del corpo fisico di Dio.

1. Percepite il corpo fisico di Dio Unico, è composto di cellule uniche, capite che l'Amore che Dio manifesta a tutta la creazione e allo stesso tempo, che l'Universo intero prova nei suoi confronti, è il meccanismo della costituzione del suo corpo fisico.

2. Capite che, poiché il vostro obiettivo è quello di evolvere eternamente, è indispensabile che voi abbiate cellule simili in tutto il vostro corpo fisico.

© Грабовой Г.П., 2000

3. Il numero di cellule di questo tipo aumenta nel vostro corpo, nel momento in cui riuscite a capire profondamente il meccanismo attraverso il quale Dio costruisce il Suo corpo fisico.

4. Esprimete il vostro Amore più grande alla vostra cellula matrice e alla cellula modello. Osservatele nel momento della loro generazione e vedete come reagiscono al vostro Amore. Queste cellule fusioneranno per formare un insieme eterno e indissolubile e voi otterrete una seconda cellula immortale, la create realmente voi stessi.

METODO

Armonizzare il Mondo esterno normalizzando lo spazio fisico interiore grazie all'Amore.

1. Praticando regolarmente le tecniche di costituzione del vostro corpo fisico, imparerete ad inviare con grande precisione, le onde d'Amore in tutto il vostro corpo fisico, in tutte le vostre strutture interne.

2. Armonizzato a tutti i livelli, il vostro corpo reagirà in modo calmo al Mondo esterno.

3. La vostra percezione del Mondo esterno come armonioso, sarà in concordanza con la realtà. Ristabilendo il funzionamento del vostro corpo fisico, normalizzate il Mondo esterno e la vostra percezione del Mondo.

****

© Грабовой Г.П., 2000

L'INSEGNAMENTO DI GRIGORI GRABOVOI SU DIO – IL RINGIOVANIMENTO

28 Febbraio 2005

Nel corso di questo seminario, verrà trattato il ringiovanimento. Il ringiovanimento può essere pratico per normalizzare il quadro clinico della persona o per ragioni personali. Perciò il soggetto si divide in due parti principali.

La prima è consacrata al ringiovanimento considerato come una forma di rigenerazione tissutale. Per voi, l'essere umano è un sistema olistico, che si evolve allo stesso modo dell'insieme dell'Universo. Di conseguenza, il ringiovanimento è un processo che dipende da fattori interni quanto esterni. Per Dio, il ringiovanimento risulta da un'azione, la senescenza è anch'essa un'azione, è altrettanto importante comprenderne le ragioni soggettive. C'è un periodo nella vita dell'uomo, che la sua Anima considera come giovinezza. Il ringiovanimento allo scopo di ottenere il miglioramento del quadro clinico è un obiettivo personale, poiché l'uomo deve trovare nella sua vita una fase che corrisponde all'immagine della gioventù.

Dio si vede giovane quando vuole. In linea di principio, la nozione di vecchiaia per lui non esiste. Può sentirsi giovane in ogni istante, per Dio la gioventù e la vecchiaia sono due stati d'animo che si distinguono per alcune caratteristiche. Allora per ringiovanire, dovete ragionare allo stesso modo di quando avevate le migliori facoltà proprie della gioventù.

La prima tappa consiste nel fare emergere prima l'informazione relativa alla gioventù in vista per ritrovare la salute, in seguito, bisogna applicarla al tempo presente.

La tappa seguente è una fase di trasformazione durante la quale l'organismo reagisce a questo stato d'animo.

© Грабовой Г.П., 2000

Infine subentra la fase d'adattamento, la più lunga è caratterizzata da un'onda di pressione. Le prime due, quando l'uomo fa emergere la sua struttura informata e l'aggiusta al suo organismo sono relativamente semplici. È sufficiente ricordarsi di qualche aspetto salutare della sua struttura di gioventù, e l'organismo si adatterà naturalmente, poiché è stato giovane. In questo pilotaggio, soprattutto se si tratta di ringiovanire per motivi di salute, dovete prestare un'attenzione particolare all'adattamento della struttura della gioventù, al tempo presente, caratterizzato da una serie di eventi sui piani sociale e relazionale, tramite scambi di informazioni.

Le tecniche relative alla vita eterna implicano dei ringiovanimenti periodici con frequenza a scelta. Esaminando una struttura come la "resurrezione", dovete agire direttamente sui tessuti per raggiungere l'età voluta. Quindi stabilizzare un'immagine in modo generico è più facile. Ad esempio, sul piano dell'evoluzione perpetua, si tratta di prendere un segmento di tempo che, nel vostro spirito, corrisponde ad un'età e a dei segni ben precisi. Bisogna sapere che la prima tappa è il miglioramento della salute. Nel vostro pilotaggio, dovete trovare la struttura dell'uomo eterno, in nessuna circostanza, l'uomo deve morire o invecchiare.

In caso di ringiovanimento per motivi di salute, l'adattamento alla struttura degli avvenimenti esterni si fa spesso istantaneamente.

A volte è possibile farlo servendosi della "**struttura diagnostica dell'Anima**", che permette di rilevare un migliore stato d'animo, che prendete come strutture di giovinezza, senza tener conto dei parametri esterni o interni. Ogni persona capisce questo stato d'animo, sul piano informazionale. Da questo punto di vista, cos'è la gioventù? Una serie di azioni vicine che cominciano, ma potrebbero non giungere a termine. Sostanzialmente si tratta di una visione soggettiva della tecnica di evoluzione perpetua.

Ritornate alla funzione di adattamento. Una volta colta l'informazione della gioventù, l'uomo avvicina l'immagine verso di sé. Così la fase di adattamento del suo organismo agli eventi

© Грабовой Г.П., 2000

correnti, comincia. A questo punto, deve assolvere i compiti più importanti. Il primo consiste nel dirigere la struttura di gioventù controllata come assimilata dall'organismo, verso la struttura dell'evoluzione eterna. Se riesce a farlo di seguito, l'uomo ringiovanisce abbastanza velocemente. Un impulso è sufficiente a ricevere in cambio la luce eterna, che accelera il processo di adattamento.

Se l'integrazione è riuscita, un nodo di controllo supplementare può talvolta apparire. Ad esempio, al momento del ringiovanimento, l'uomo pensa: – quelli che mi conoscono, come mi vedranno? – oppure – Che aspetto avrò a quell'età? – Questi pensieri, che non sono molto importanti, provocano un blocco nell'adattamento della struttura della gioventù all'organismo. In realtà, anche la salute dell'uomo migliora, l'apparenza non cambia altrettanto in fretta.

Per accelerare il pilotaggio è indispensabile aggirare la struttura del pensiero sistematico che genera questo tipo di domande. Se l'obiettivo principale del pilotaggio consiste nel raggiungere un'età determinata, tutta una serie di problemi scompare. Per esempio – l'uomo conosce più o meno l'attitudine dei conoscenti nei propri confronti, se sa che ha bisogno di ringiovanire di cinque, dieci, quindici anni, lo fa facilmente.

Per recuperare la salute, a volte è sufficiente ringiovanire di un mese, o anche di un secondo. Ciò è possibile grazie all'elasticità dei tessuti sui quali si agisce. La struttura di ringiovanimento serve ugualmente ad una persona sana, per migliorare il suo stato fisico, non solamente al malato per sconfiggere delle malattie gravi.

Inoltre il tempo ha degli effetti naturali. Se rimettete l'organismo in uno stato di perfetta salute, di cui ha memoria, ed introducete la struttura ottenuta nel futuro, la vostra struttura ritorna normale. Questo è possibile anche se non siete malati.

Questa procedura si utilizza anche per fini profilattici, per sfuggire agli effetti nefasti dei cambiamenti ecologici. La gioven-

© Грабовой Г.П., 2000

tù è un ambito originariamente normale. In presenza di effetti radioattivi o tossici, l'organismo è protetto grazie all'adattabilità più elevata in gioventù. Ciò nonostante per Dio, è un fatto convenzionale. Egli conosce solo l'adattabilità e il pilotaggio. Perciò si definisce l'adattabilità più elevata "gioventù". Dovete pulire i vostri tessuti da ogni informazione relativa al passato, affinché le cellule possano adattarsi continuamente a qualunque sistema informativo.

Allora risulta che l'età è una questione di desiderio personale dell'uomo.

Tenendo conto delle norme cliniche, degli indici fisiologici, si stima che questo procedimento sia valido per equilibrare la reazione dell'organismo, anche di quello sano, di fronte ad una situazione ecologica stressante. Ammettiamo che qualcuno si trovi in una situazione complicata, in questo caso bisogna adottare lo stato d'animo proprio della gioventù, pilotare l'informazione con intensità emotiva, pur restando calmi. La coscienza collettiva conserva dei segni dell'emotività giovanile, e del suo modo d'agire. Quest'informazione non vi è completamente estranea. Colui che non è cambiato dal tempo della sua gioventù non vedrà probabilmente, la differenza. Ora, si stimi che è possibile utilizzare alcuni valori convenzionali relativi alla gioventù.

All'occorrenza, credete che la gioventù possieda delle qualità sul piano emozionale, psicologico. Di conseguenza, avete una vasta scelta di mezzi di pilotaggio. Servendovi di un modello di pilotaggio universale, è possibile sormontare delle situazioni difficili di ogni genere. La giovinezza è uno stato d'animo che permette sempre di risolvere i problemi che sorgono.

Se l'uomo è in buona salute e vive in un ambiente ecologico sano, può desiderare di ringiovanire per altri motivi: estetici e psicologici. In questo caso, si tratta di un pilotaggio ad un altro livello sistemico. Il desiderio personale di ringiovanire, può entrare in conflitto con la percezione dello stato sociale. Se l'uomo sceglie di adattare il processo di ringiovanimento al suo ambiente reale, è confrontato all'integrazione da pensieri più ampi: deve

© Грабовой Г.П., 2000

compiere la missione della sua Anima, relativa all'evoluzione della sua persona. Un dottore in scienze può credere che, per corrispondere all'immagine della sua professione, bisogna avere una certa età. Così il risultato del pilotaggio non dipende solo da fattori personali, ma anche dalla coscienza collettiva.

In caso di ringiovanimento allo scopo di migliorare il quadro clinico, non ci sono altri criteri oltre la decisione personale di guarire, poiché la salute è la norma assoluta di ogni pilotaggio. Dunque, quando qualcuno desidera ringiovanire per delle ragioni estetiche e psicologiche, vede apparire molte sfumature. Per delle persone che sono molto malate, è un compito abbastanza complesso, a che scopo ringiovanire se non si è in piena forma? In ogni modo si deve agire come una persona giovane.

La differenza appare a livello delle tecniche di evoluzione perpetua, quando esaminate il ristabilimento completo di ogni oggetto informato e informante, per esempio di un fiore, di un filo d'erba. Dio può restaurare ogni cosa, perché vede l'insieme della sua creazione in tempo reale. In questo contesto, bisogna scegliere rapidamente. Per esempio, Dio decide di rigenerare un filo d'erba, riportandolo da un'epoca precedente, al tempo presente. Ugualmente, il ringiovanimento per motivi personali, richiede una scelta decisionale rapida.

Inoltre, il ringiovanimento a volte ha una struttura di pilotaggio soggettiva. Per esempio una persona, un esame, ma in precedenza ne aveva studiato il soggetto. Può servirsi del sistema relativo allo stato d'animo nel quale aveva imparato il soggetto. È una tecnica che permette, senza sovraffaticare il cervello, di conoscere tutto ciò di cui ha bisogno.

Potete applicare un segmento della vostra coscienza alla struttura di scrittura di un libro, per cercare di capire la struttura emozionale dell'età del suo autore. Ciò fa anche parte del sistema della conoscenza. Allora per comprendere questa struttura di pilotaggio, è sufficiente conoscerne l'autore, perciò dovete conoscere le caratteristiche della sua età, la maggior parte delle volte si riesce a capire un autore in base alla sua età. Esaminan-

© Грабовой Г.П., 2000

do la struttura della sua età, capite la sua scrittura. E non avete bisogno di leggere, di studiare le sue opere: la conoscenza delle caratteristiche della sua età, vi da accesso all'informazione relativa ai suoi testi. Insomma, c'è un sistema di accesso all'informazione e di pilotaggio di questo processo.

Dunque, il metodo di ringiovanimento secondo la convenienza personale consiste in quanto segue.

Prima di tutto, bisogna che vi vediate come una manifestazione dell'universo esterno. Che scrutiate il futuro infinito e vediate la vostra immagine in espansione. All'inizio ne coglierete gli indizi informazionali, d'altronde, c'è un livello di discernimento elevatissimo, che facilita il controllo delle situazioni esterne. Vedete il vostro campo informazionale e cominciate a vedere il modo in cui trattate questa informazione. Osservatene l'evoluzione al vostro contatto, percepite la vostra immagine informazionale, nel momento in cui sviluppate questa informazione, soltanto la vostra immagine informazionale vi istruisce sul modo in cui trattare l'informazione. Quando cominciate a seguire i fili che partono da voi verso gli altri oggetti informati dell'universo, capite che siete capaci di pilotare l'insieme del sistema. Questo mezzo vi permette di seguire i legami che tessete voi stessi, il vostro sistema ottico personale di pilotaggio. In questo modo, pilotando l'informazione, avete accesso a tutto il tessuto del vostro corpo. In altre parole, non avete bisogno di intervenire direttamente sul tessuto, ma gli apportate delle correzioni, agendo sull'insieme dell'Universo. Avrete l'età che ha fissato il vostro spirito.

Si presenta qui, una proprietà assiomatica: è impossibile utilizzare un solo e medesimo sistema di coordinate. Come si suol dire, non si può entrare due volte nell'acqua dello stesso fiume. Si tratta in questo caso, della nostra posizione al livello originario di Dio. Cos'è l'invecchiamento? È un cambiamento di informazione. All'inizio, l'obiettivo del ringiovanimento consiste nel creare, nel presente, un sistema di pilotaggio simile a quello di cui ci si è già serviti nel passato. In altri termini, si può riutilizzare una forma di pilotaggio conosciuta.

© Грабовой Г.П., 2000

Tutti gli elementi del campo informazionale sono uguali agli occhi di Dio, ed ogni forma impiegata fa parte del suo piano originale. Allora dovete comprendere ciò che ha inizialmente voluto per voi, perché vi permette di invecchiare. Perché voi seguite il pensiero collettivo che afferma che la vecchiaia è il destino di tutti. Non potete restare eternamente giovani? A che serve conformarsi a questo pregiudizio? Forse per non essere diversi dagli altri? Cosa volete ottenere invecchiando? Quale è il vostro scopo in questa vita? Per voi è una scelta personale. Per Dio un'azione collettiva.

Se nell'ambito della salvezza globale, gli uomini devono ringiovanire, lo faranno. In ogni caso la maggioranza delle persone che sono convinte che bisogna essere giovani per vivere eternamente, lo diventano. Esiste nella coscienza collettiva, un punto di vista secondo il quale una persona deve avere una certa età per poter esercitare taluna o talaltra attività. Come un circuito elettrico, la coscienza collettiva canalizza la vostra percezione verso delle norme prestabilite. Esaminate un'alveare, dove le api si riuniscono intorno alla loro regina secondo le leggi naturali. È possibile disintegrare lo sciame, incitando le api a evolvere differentemente, in modo più intenso. Per far ciò, occorre modificare la loro realtà, agendo all'interno della loro struttura.

Quindi, l'uomo può trasformare la sua struttura, agendo in modo individuale, come lo fa Dio. Ma affinché gli effetti del cambiamento si ripercuotano nell'ambiente circostante, deve insegnare agli altri a fare altrettanto. Quando l'apprendimento assume un carattere più sistematico, quando l'uomo trasmette su larga scala le sue conoscenze, tramite conferenze o semplicemente augurando agli altri di essere giovani, gestisce sempre meglio il processo di ringiovanimento a suo piacimento.

A questo punto, appare l'assioma seguente. Per far ringiovanire il maggior numero di persone, o l'umanità intera, bisogna che tutti acquisiscano – in un secondo – le conoscenze del periodo che si estende dall'origine della sua esistenza fino ai giorni nostri. È da considerare come un vettore di ringiovanimento che trasforma l'intera struttura della realtà. Per Dio tutti gli avvenimenti sono identici, che siano passati o futuri.

© Грабовой Г.П., 2000

Di conseguenza, ringiovanire di un secondo o di dieci anni, fa capo allo stesso tipo di pilotaggio, Quando accumunate questo specifico secondo del presente a tutto il periodo che lo precede, riuscite a trasformare un evento concreto. In altri termini, do- vete equiparare il problema che volete risolvere istantaneamen- te, al vostro obiettivo di evoluzione. Un'azione su scala locale è messa sullo stesso piano dell'evoluzione della persona durante il periodo che precede questo istante presente. In linea di mas- sima, Dio non fa distinzione tra un'azione isolata ed una che dura eternamente. Dunque si accede allo stesso sistema di pilo- taggio e siete confrontati al seguente processo di adattamento. Un grosso flusso temporale, una massa di eventi, giunge a voi. Spesso si sente fisicamente come un'onda, come se vi bagnaste in acqua di mare molto salata. Tutte le caratteristiche della realtà che emerge, non sempre corrispondono alla norma. State per avvicinarvi alla comprensione della struttura dell'Universo e dei suoi avvenimenti.

Cominciate a realizzare che la vostra certezza della vita eterna determina la costruzione dell'Universo e dei suoi avvenimenti. Questa certezza risulta delle vostre decisioni anteriori. Prima di tutto, avete deciso di ringiovanire e avete eseguito delle azioni appropriate. In seguito, ogni informazione vi conferma che il vostro scopo è raggiungibile. Anche se subite delle pressioni dall'esterno, anche se siete costretti a reagire a delle informazioni nefaste, ad un certo livello sapete che ci riuscirete. Ce la farete, fosse anche per uno spazio extracellulare.

È importante sapere che i sistemi di pilotaggio, agiscono sullo spazio extracellulare in modo che cominci a funzionare come una riserva a livello cellulare. Non avete bisogno di vedere l'informazione sulla struttura cellulare, si prenda ad esempio una cellula cardiaca, essa contiene un'informazione obiettiva sulla vostra evoluzione. Avete pensato a qualcosa e questa informazione si iscrive nella cellula cardiaca. Voi ricevete questa informazione e ciò offre ai vostri eventi un potenziale supplementare sul piano della loro continuità. Essi diventano realizzabili ogni azione esteriore arriva prima allo spazio extracellulare, che contiene l'informazione relativa a voi. In seguito la trasferite coscientemente al livello del pilotaggio informazionale. Per

© Грабовой Г.П., 2000

raggiungervi, un'informazione negativa, deve prima attraversare una struttura somigliante. Se ripetiamo questo pilotaggio più volte, il segnale negativo arriva verso di voi più difficilmente. Allora, la vostra struttura evolutiva diventa comparabile a quella di Dio. Egli ha creato tutto, ora per lui niente è negativo, niente produce su di lui degli effetti nefasti. Può emozionarsi da solo, prendere delle decisioni e reagire a modo Suo. Pertanto è impossibile ferirlo, ogni azione, ogni preghiera indirizzata a Dio arriva al livello informazionale.

In effetti, la preghiera è già un effetto di gioventù. Se si vuole comprendere dov'è il proprio livello di gioventù, bisogna rivolgersi verso il luogo dove Dio è giovane. Ora, Dio è giovane ovunque, la nozione di età Gli è sconosciuta. Ci si può chiedere quale "età" ha Dio in questo momento. Sostanzialmente, lo si può vedere se si crede, che scelga Lui stesso la sua "età". C'è un altro modo per conoscere la sua "età"? È per rivelarci la Sua età che Dio assume un corpo umano. Si capisce che trasmette le conoscenze in funzione delle "età". Ammettendo che Dio appaia come un bambino, dunque il suo insegnamento è rivolto ai bambini. Man mano che cresce, Egli diffonde delle conoscenze più ampie. Di solito i suoi criteri di trasmissione del sapere sono gli stessi di quelli di cui si serve l'uomo. Il ringiovanimento fa parte del sistema della salvezza universale. Perciò per raggiungere questo scopo, l'uomo deve associare la sua consapevolezza alla coscienza divina. Più si rivolge a Dio, più riesce a pilotare meglio l'informazione esteriore.

Tutta l'informazione esteriore negativa raggiunge prima un livello di pilotaggio, dove è rilevata e trasformata per corrispondere al massimo modello. In quanto corpo fisico, riceve l'informazione più benefica alle sue cellule. Potrebbe darsi che l'uomo crei egli stesso delle situazioni che i sistemi esterni percepiscono come negative, invece, sono piuttosto positive per la sua Anima, per la sua evoluzione.

Perciò bisogna conoscere le leggi che permettono di distinguere gli elementi lineari in un sistema complesso. In questo caso, si tratta di norme di salute, di leggi relative allo sviluppo

© Грабовой Г.П., 2000

delle tecniche di evoluzione eterna. Queste norme devono essere rispettate, se il nostro pilotaggio segue il circuito di ringiovanimento. In questo caso, si evince che bisogna correggere questa situazione, in tutti gli altri, si pone un problema d'azione.

Dio ha creato tutto l'Universo. Ma quale è il motivo della sua azione? In cosa consiste il principio della Sua creazione? Poiché Dio non fa differenza tra più, meno e l'infinito, l'evoluzione perpetua dell'umanità costituisce per Lui il fondamento della vita. Quando l'uomo progredisce in questa direzione, Dio realizza il suo essere.

Accade la stesso all'uomo. Egli si realizza trasmettendo le sue conoscenze ad altri o mostrando loro il cammino dell'evoluzione infinita. Ecco un semplice procedimento tecnico. È sufficiente mostrare a qualcuno un metodo per ricevere in un istante tutta l'esperienza che l'altro acquisirà durante l'evoluzione infinita. Insomma questi sistemi di pilotaggio non sono comparabili rispetto al loro volume. In generale, Dio agisce allo stesso modo. Se si considera l'Universo un'immensa sfera, allora Dio fa in modo che ogni punto di questa sfera partecipi dalla e alla evoluzione infinita dell'insieme. È un modello geometrico, accade che diffondendo l'informazione sull'evoluzione eterna, si acceda al livello di conoscenza infinita del Mondo esterno.

È ciò che Dio fa, deve conoscere il Mondo esterno dal punto di vista della logica dell'evoluzione umana. Certo Dio ha la Sua logica che Gli permette di vedere e fare tutto al tempo stesso. Il suo sistema di conoscenza è differente, ma deve percepire i legami determinati dalla logica della finalità del processo, o del suo eventuale svolgimento. Riunendo la logica divina a quella inerente all'evoluzione del Mondo fisico, osservata dagli uomini, si ottiene un metodo di ringiovanimento molto semplice. L'uomo è di fronte al Corpo fisico di Dio, la luce divina lo ringiovanisce, Dio e l'uomo percepiscono allo stesso modo i loro due sistemi. Quando vedete una luce argentea, il Mondo esterno e la vostra interiorità appaiono davanti a voi. Dal vostro intimo sorge un obiettivo che dovete ulteriormente raggiungere, consiste nello stabilire un dialogo con Dio, dialogo in cui niente vi sarà impo-

© Грабовой Г.П., 2000

sto, è il vostro compito personale, che realizzate in comunione con Dio. Lo avete deciso nel vostro cuore, nel vostro corpo, così l'uomo ha bisogno di un corpo fisico per esercitare il suo libero arbitrio. Fondamentalmente, non fa altro che risolvere il suo problema al momento del contatto con Dio.

Trasponendo questo principio di comunione con Dio su un'altra persona, vi rendete conto che gli comunicate istantaneamente tutte le vostre conoscenze sull'evoluzione eterna. È sufficiente comprendere ed apprendere le tecniche appropriate. Quando riuscite a trasmettere in tempo reale le conoscenze creatrici essenziali come Dio, fermate la vostra struttura temporale all'età voluta. Se lo fate costantemente, nel modo in cui guardate il Mondo, potrete facilmente variare la vostra età a seconda delle circostanze. Allora il vostro pilotaggio non vi porrà alcun problema, le vostre azioni sono giustificate. Potrete dire che le compite per ampliare la comprensione degli altri, ad esempio, qualcuno ha bisogno di vedervi più giovani per assimilare meglio ciò che gli insegnate, allora potete ringiovanire. La vostra azione corrisponde alla sua finalità.

Forse occorre che esista una età comune che tutti possono accettare? Per Dio ciò non ha alcuna importanza qualunque sia la Sua "età", logicamente lo si dovrebbe capire. Ma un bambino preferisce probabilmente, che Dio somigli ad una persona di mezza età e non ad un barbuto che potrebbe spaventarlo, Dio non deve fare paura a un bambino. Quindi c'è un modo di agire che corrisponde ad un'immagine unificata di Dio.

A cosa serve questa immagine? Qual è l'importanza delle caratteristiche dell'uomo a tale o tal'altra età, devono corrispondere ad una missione. Si considera che un professore di scuola debba avere una certa età, se avesse la stessa età dei suoi alunni, il suo compito sarebbe più difficile, anche se ammissibile. Ma se invece il professore fosse più giovane, allora ci si chiederebbe come abbia potuto finire i suoi studi, perché insegni a dei ragazzi più grandi di lui. Il buon senso della coscienza collettiva vuole che ci sia un'immagine unificata. Per riflettere si ha bisogno di un certo tempo, è possibile farlo solo quando si è in tutta sicurezza. La ragione si

© Грабовой Г.П., 2000

orienta verso la realizzazione di un obbiettivo, quello della salvezza universale, per cominciare, e non si ha il tempo di divagare rischiando di allontanarsi dal sistema di pilotaggio.

Da questo punto di vista, esiste un livello di pilotaggio del ringiovanimento simile a quello di Dio, inoltre ognuno è libero di rifletterci come preferisce. Ma a cosa serve l'attributo assiomatico della coscienza collettiva, che determina alcune norme della condotta sociale o del governo politico? Quando capite la finalità di questi sistemi, potete superarli tramite delle tecniche appropriate. Per esempio, se si crede che il professore di scuola debba avere un'età appropriata, bisogna comprendere in cosa, la sua apparenza contribuisca all'evoluzione eterna dell'umanità. Se lo capite, ringiovanite e utilizzate le tecniche di pilotaggio per compensare i legami del vostro stato sociale.

Questa tecnica di pilotaggio è valida per ogni tipo di professione. Capite ciò che la coscienza collettiva si aspetta da voi in questo momento, senza dimenticare il disegno di Dio per voi e ciò che voi stessi avete voluto ottenere alla vostra età. Bisogna anche cogliere i pensieri dei vostri cari, dei vostri amici, conoscenti o sconosciuti che incrociate nel vostro cammino. Quando ne fate l'analisi, vedete che niente è dovuto al caso, ogni punto di vista è obiettivo. Per esempio, uno dei vostri cari che vi ha immaginato a lungo adulto, si aspetta che invecchiate giorno per giorno, invece uno sconosciuto, incontrato in un luogo qualunque, ha notato la vostra età in quel momento. Dio non fa differenza tra un lungo sviluppo di forme di pensiero ed un solo sguardo momentaneo.

Potete compensare tutti i sistemi, ma se trascurate un solo sguardo su di voi, dovrete girare a lungo intorno ad un solo e stesso sistema. Perciò dovete sviluppare la vostra visione spirituale in ogni segnale rispetto alla vostra età.

Di conseguenza, appare un metodo assiomatico, dove l'assioma è la natura dell'informazione e il metodo, l'azione su questa natura. Al momento del ringiovanimento per motivi personali, è indispensabile analizzare fino a che punto il vostro desiderio sia compatibile con l'opinione del vostro ambiente circostante, anche se fosse stata espressa una volta "per caso". Cominciate

© Грабовой Г.П., 2000

a studiare questi elementi del vostro pilotaggio, per esempio, camminate per strada, un passante vi guarda e fissa la realtà in quel preciso istante. Allora affinché questa realtà sia mobile, il passante deve accettare il fatto che diventiate più giovane in quel momento, è inabituale, cosa si può fare per convincerlo? Ritengo che bisogna sviluppare il sistema di trasmissione delle tecnologie educative, in particolare, quelle a distanza. Così potete comunicare alla persona l'informazione sul ringiovanimento, che le farà capire che questo processo è reale, che consiste nel normalizzare i sistemi di legami tra gli oggetti dell'Universo, e la persona vi vede più giovane all'istante.

Esistono dei principi reali di trasmissione dell'informazione, una volta rilevati i segnali che convergono verso il vostro campo informazionale, inviate una sfera di evoluzione eterna al braccio destro della persona (può essere semplicemente un'immagine unificata di esseri umani). La sfera si propaga nel suo corpo e lo ringiovanisce. La singolarità di questa situazione è la seguente, in effetti, favorendo il ringiovanimento di un'altra persona, ringiovanite voi stessi, quindi non avete più bisogno di fornirle spiegazioni sul ringiovanimento: sarà convinta attraverso la sua esperienza.

Una volta ringiovaniti tutti i sistemi di legami intorno a voi, riuscite ad agire allo stesso modo di Dio. In realtà, voi create un sistema temporale dove tutti i processi sono in armonia, dove la vecchiaia non esiste. In altre parole, questo sistema corrisponde alla norma originale caratterizzata dalla gioventù. Potete dilatare questo tempo, svolgerlo, attribuirgli le qualità e il livello desiderato. Per ringiovanire in modo intenso, dovete creare un campo di pilotaggio, una volta dentro, rimanete nella struttura della gioventù, più a lungo vi ci trovate, più ringiovanite.

Il nostro seminario termina qui.

****

© Грабовой Г.П., 2000

Grigori Grabovoi

RINGIOVANIMENTO

28 Febbraio 2005

Esercizi di concentrazione, tecniche e metodi

ESERCIZIO DI CONCENTRAZIONE

SVILUPPARE LA COMPRENSIONE DEL PENSIERO DI DIO

1. Percepite Dio eterno che non associa la gioventù al numero di anni vissuti, ma all'insieme delle caratteristiche dello stato d'animo.

2. Percepite Dio eterno, Creatore dell'Universo, che evolve e fa evolvere all'infinito la sua Creazione. Vedete che la gioventù per Lui è un'azione che Egli sviluppa costantemente.

3. Capite che questa azione è il risultato delle sue intenzioni e la realizzazione del Suo desiderio personale.

4. Vedete che Dio percepisce ogni tappa del suo passato e del suo futuro come uno stato di giovinezza naturale.

5. Vedete che, di conseguenza, la nozione di vecchiaia è estranea a Dio.

ESERCIZIO DI CONCENTRAZIONE

SVILUPPARE IL PROPRIO PENSIERO SULL'ESEMPIO DI QUELLO DI DIO

1. Trasponete il modo di pensare di Dio sul vostro pensiero. Capite e vedete che la giovinezza non è associata al numero di anni vissuti, per esempio, venti o venticinque anni, ma allo stato d'animo che avevate a quella età.

2. Vedetevi come una persona eterna. Vedetevi come un'Anima indistruttibile ed un corpo fisico che evolve perpetuamente. Comprendete che siete capaci di sviluppare all'infinito il vostro stato d'animo che corrisponde alla gioventù.

© Грабовой Г.П., 2000

3. Capite che lo sviluppo del vostro stato di gioventù, dipende solo dal vostro desiderio di manifestazione della gioventù e dagli sforzi che fornite per realizzarlo.

4. Ciò detto, vedete che la gioventù è una manifestazione naturale della vostra vita.

5. Poiché solo la gioventù fa parte della vostra vita – il vostro corpo fisico ne è testimone – non rischiate di conoscere la vecchiaia. Semplicemente la vecchiaia non ha posto nella vostra vita.

TECNICA

RINGIOVANIMENTO ALLO SCOPO DI RISTABILIRE LA PROPRIA SALUTE E VINCERE LE MALATTIE

1. Regolate il vostro pensiero in base a quello di Dio che crea costantemente la sua struttura di eterna giovinezza.

2. Esaminate il vostro passato ed individuate l'età nella quale, secondo voi, eravate in perfetta salute e gli eventi esterni ed interni della vostra vita vi erano maggiormente favorevoli. Fatelo per sentire il vostro "stato d'essere" a quell'età. Entrate in questo stato facendo appello a tutti i vostri sensi e a quella informazione. Vedete questo "stato d'essere" come il vostro sistema di pilotaggio. È il sistema di cui vi siete serviti nella vostra gioventù, e che potete applicare al presente per ristabilire la vostra salute. È sufficiente evidenziare due o tre caratteristiche della vostra immagine sul piano informazionale, sarà sufficiente grazie ai vostri sensi, poiché tutte le cose sono indissolubilmente unite da legami multipli.

3. Applicate il sistema di pilotaggio informazionale della vostra salute del passato al vostro presente, comprendendo che lo fate per ritrovare la vostra salute dell'epoca in cui non eravate malati.

© Грабовой Г.П., 2000

4. Una volta integrato il sistema di pilotaggio nel presente, cercate di sentire lo stato emozionale, psicologico e fisici proprio della giovinezza.

5. Capite che, a partire da questo momento, cominciate a trasformare i tessuti del vostro corpo fisico, in particolare dell'organo o del sistema intero, che hanno dei problemi.

TECNICA

ADDATTAMENTO DELL'ORGANISMO AL MONDO ESTERNO, E SVILUPPO DELLO STATO DI GIOVINEZZA

1. Cercate di sentire molto distintamente, su tutti i piani, lo stato di gioventù che è già integrato nel vostro organismo. In un solo impulso, applicate la struttura della vostra gioventù a quella dell'evoluzione eterna. Potete farlo visualizzandolo nello spazio del vostro pensiero. L'unione dei sensi e della visualizzazione è possibile.

2. Percepite la luce che viene verso di voi e nel vostro corpo fisico dallo spazio-tempo infinito.

ESERCIZIO DI CONCENTRAZIONE

FORMARE IL PENSIERO SISTEMICO PROPRIO DI UNA PERSONA GIOVANE

1. Restando calmi, individuate la struttura della vostra gioventù attraverso i sensi e lo spirito, al tempo stesso. Durante questa percezione, concentratevi interamente sull'avvenire evitando le distrazioni e dei ragionamenti supplementari.

© Грабовой Г.П., 2000

2. Esaminate mentalmente il vostro comportamento nella vita quotidiana, al lavoro, nei vostri rapporti con gli altri, in tutte le azioni che compite con una fiducia assoluta nel vostro ringiovanimento ed il ripristino della salute. Assicuratevi della stabilità dei vostri pensieri che escludono ogni analisi o parametri interni ed esterni. Cercate di introdurre la struttura del vostro spirito nel cuore di tutte le vostre azioni.

TECNICA

RISTABILIMENTO DELLA SALUTE
RINGIOVANIMENTO DI UN BREVE PERIODO
DI TEMPO (DI UN'ORA O UN SECONDO)

1. Scegliete la struttura di pilotaggio relativo a questa durata.

2. Trasferite l'informazione su questa struttura nell'istante presente al fine di ristabilire la vostra salute o di aumentare il suo potenziale.

3. Capite la reazione del vostro corpo (o dei vostri tessuti particolari) all'informazione apportata tramite il pilotaggio.

4. Un po' più tardi ripetete i tre primi esercizi di questa tecnica. Grazie all'elasticità ed al movimento interno dei tessuti, l'organismo può ristabilirsi su tutti i piani. Quando avrete abbastanza esperienza, potrete ristabilire la vostra salute, applicando questa tecnica una sola volta.

METODO

RINGIOVANIMENTO A VOLONTÀ

1. Considerate la vostra personalità nello spazio e nel tempo, vedete il futuro infinito dell'Universo esteriore che evolve eternamente.

© Грабовой Г.П., 2000

2. Capite che la vostra Anima è presente in ogni punto dello spazio e che la sua azione è sincronizzata con quella di Dio, ovunque nell'Universo.

3. Vedete questa immagine di voi stessi nello spazio-tempo del futuro infinito. Al primo stadio di percezione si tratta di marchi informazionali della vostra presenza nel Mondo che evolve costantemente.

4. Potete esaminare uno degli oggetti dell'Universo che vi circonda, il sole, la luna, un albero, un fiume o un mare concreto. Vedete in questi oggetti, la presenza del vostro campo informazionale.

5. Capite che la vostra immagine originale, quella che fu creata da Dio e che si è evoluta con i vostri atti creativi, vi indicherà il modo di trattare l'informazione e vi mostrerà le vostre impronte informazionali. La vostra immagine originale è quella che corrisponde alla vostra giovinezza eterna.

6. Seguite i legami che partono da voi verso l'Universo. Sono tanto reali quanto voi. Esistono perché li create, se pervenite a scoprire i legami che avete creato, per pilotare il vostro Mondo interiore e l'Universo esterno, avrete accesso al campo informazionale dei vostri tessuti e dell'intero corpo fisico. Questo accesso è reale ed efficace. È possibile perché ogni legame che create è funzionale.

7. Voi agite a livello informazionale. Riunendo la percezione dei legami che vi uniscono a tutti gli oggetti dell'Universo e ai vostri tessuti, stabilite l'immagine dell'età che avete scelto, senza intervenire sui vostri tessuti agendo sul campo informazionale, potete acquisire gli attributi dell'età che avete scelto.

8. Ogni volta che utilizzate nuovamente questo metodo, agirete su un campo informazionale differente.

© Грабовой Г.П., 2000

ESERCIZIO DI CONCENTRAZIONE

SFUGGIRE ALLA COSCIENZA COLLETTIVA ED ACCEDERE AL SISTEMA DI PILOTAGGIO ANALOGO A QUELLO DI DIO

1. Interiormente persuasi che la gioventù è una manifestazione naturale dell'eternità, potrete trasmettere le conoscenze di questa struttura sia verbalmente che con il pensiero, augurando sinceramente agli altri, di essere giovani. Più spesso lo fate, più accedete al controllo dell'apprendimento, al pilotaggio dei processi di ringiovanimento e, di conseguenza, di trasformazione della struttura della coscienza collettiva, a vostra scelta.

2. Sappiate che potete trasmettere queste conoscenze ad un gran numero di persone, anche a tutta l'umanità.

3. Il vostro obiettivo è di fare ringiovanire di un secondo l'insieme dell'umanità. Voi trasmettete, in un secondo, questa capacità a tutti gli uomini.

4. Percepite il secondo nello spazio in cui si riproduce il ringiovanimento, come seguito naturale dell'evoluzione dell'umanità. Inseparabile dal passato infinito, questo secondo è il momento verso il quale hanno progredito tutti gli esseri umani. Così assimilate in un secondo il ringiovanimento allo scopo dell'evoluzione dell'umanità intera.

5. Ugualmente, vedete l'evoluzione infinita dell'Universo e dell'Umanità. Capite che Dio ha agito nel vostro stesso istante. Il potenziale informazionale della Sua azione è uguale al ringiovanimento di dieci anni o più. Vi rendete conto che ogni azione di Dio è eterna.

6. Se comprendete tutte le connessioni informazionali dell'Universo e che agite simultaneamente sul passato e sul futuro infinito, la vostra consapevolezza si trova, in un batter d'occhio nell'eternità. È la vostra vita eterna.

© Грабовой Г.П., 2000

7. Capite che agendo tramite il pensiero a questo livello, voi accedete al pilotaggio identico a quello che Dio esercita su tutta la Sua creazione.

ESERCIZIO DI CONCENTRAZIONE

ASSOCIARE LA PROPRIA COSCIENZA A QUELLA DI DIO NEL MOMENTO DELL'INTEGRAZIONE DELL'INFORMAZIONE DELLA GIOVENTÙ NELLO SPAZIO EXTRACELLULARE

1. Percepite una cellula del vostro cuore. Basandovi su ciò che avete appreso in precedenza, capite perfettamente che l'informazione della gioventù è presente in questa cellula. Per aumentare il suo potenziale di giovinezza, continuate a esaminarla, ben sapendo che la stessa informazione circola nello spazio extracellulare. In fondo, siete voi stessi che introducete l'informazione legata alla gioventù, nella cellula e nello spazio extracellulare, se accettate l'idea della vita e della giovinezza eterna.

2. Vedendo la cellula cardiaca e lo spazio extracellulare che contengono l'informazione della gioventù, mettete lì tutta la pressione informazionale esterna.

3. Realizzate, che la vostra cellula non potrà più accettare l'informazione della senescenza, uscita dalla coscienza collettiva. Ciò si produce perché tutta l'informazione negativa deve prima attraversare il campo informazionale, poiché in ogni modo, lo incontra al suo passaggio.

4. Vedendo Dio eternamente giovane, capite che la Sua difesa contro 'informazione negativa, è dovuta al fatto che ogni informazione, ogni azione e ogni chiamata che Gli è indirizzata, raggiunge il Suo campo informazionale e non il suo corpo fisico.

5. Percepite la vostra cellula, lo spazio extracellulare è il flusso d'informazione, vedete allo stesso tempo il sistema di pilo-

© Грабовой Г.П., 2000

taggio di Dio. Vedete che il sistema informazionale dello spazio extracellulare trasforma con intelligenza e precisione, ogni informazione negativa all'esterno. Essa è trasformata in informazione positiva e benefica.

6. Vedete gli effetti dell'informazione legata alla gioventù, presente nello spazio extracellulare e nell'azione di Dio. Unendo la vostra consapevolezza a quella di Dio, aumentate infinitamente la capacità innata di tutte le vostre cellule, di sviluppare la loro struttura di gioventù.

TECNICA

RINGIOVANIRE PERCEPENDO L'IMMAGINE CORRISPONDENTE ALL'ETÀ CHE DIO HA VOLUTO PER SE STESSO

1. Capite che l'uomo può vedere l'"età" di Dio, a condizione di accettare l'idea che Egli sia – come Dio – vuole in questo momento. Poiché Dio decide Egli stesso la sua "età" l'uomo può averne a priori una errata rappresentazione.

2. Visualizzatevi di fronte a Dio, se necessario dispiegate lo spazio che vi permette di vederlo.

3. Questa tecnica vi permette spesso di vedere l'immagine che corrisponde esattamente all'"età" di Dio in questo momento. È l'informazione che vuole comunicarvi, che vi suggerisce, così da avere la stessa età.

© Грабовой Г.П., 2000

METODO DI RINGIOVANIMENTO BASATO SULLA CONCENTRAZIONE IN PIÙ FASI

PRIMA FASE DELLA CONCENTRAZIONE

ESERCIZIO DI CONCENTRAZIONE

RICEZIONE DELL'INFORMAZIONE TRAMITE LA DIFFUSIONE DELLE CONOSCENZE SULL'EVOLUZIONE ETERNA

1. Capite che quando comunicate a qualcuno le conoscenze sulla vita eterna, compite l'atto più sacro che un essere umano possa realizzare.

2. Comprendete che, dal momento in cui la persona alla quale trasmettete questa informazione si mette sul cammino dell'eternità, ricevete istantaneamente tutta l'esperienza della sua evoluzione interiore.

3. Vedete che anche per Dio è così: quando comunica all'uomo l'informazione sulla vita eterna, comincia a vedere le cose dal punto di vista di costui. Questo principio d'azione è indispensabile alla comprensione e alla valutazione del modo in cui l'uomo vede Dio.

4. Osservate come le conoscenze sono trasmesse da una persona all'altra. Vedete come colui che le comunica, riceve altre informazioni sulla sua evoluzione. Così potete osservare il principio evolutivo dell'insieme dell'universo, dove ogni punto è fonte dell'infinita evoluzione del tutto.

5. Vedendo Dio, voi stessi e tutti gli altri partecipanti alla trasmissione dell'informazione sulla vita eterna, vi rendete conto che questa tecnica vi permette di acquisire delle conoscenze infinite sull'Universo.

6. Capite che assimilando quest'informazione, accedete coscientemente ad un'altro livello d'unione con Dio.

© Грабовой Г.П., 2000

SECONDA FASE DELLA CONCENTRAZIONE

ESERCIZIO DI CONCENTRAZIONE

RIUNIRE LA LOGICA DI DIO E QUELLA DELL'UOMO PER CREARE UN METODO DI RINGIOVANIMENTO

1. Rendetevi conto che Dio deve comprendere la logica dell'uomo per controllare le conoscenze che gli trasmette.

2. Comprendete che la logica dell'uomo gli permette di vedere il seguito degli eventi, il loro legame di causa-effetto, di giudicare la finalità dei suoi atti e la possibilità stessa di agire per sviluppare il procedimento.

3. Vedete che Dio, contrariamente all'uomo, fa tutto dalla prima volta e vede allo stesso tempo tutti i legami di causa-effetto, nonché lo svolgimento di tutti gli ulteriori avvenimenti, poiché li crea all'istante.

4. Vedete che Dio associa la Sua logica a quella dell'uomo ogni volta che gli comunica un'informazione.

5. Formulate l'intenzione di riunire la vostra logica a quella di Dio, così permettete a Dio, il vostro Creatore, di avvicinarvi, di conoscere il vostro pensiero e la vostra percezione.

6. Vedete che Dio e l'uomo riuniscono simultaneamente la loro logica, e capite facilmente il metodo di ringiovanimento che ne deriva,

7. Vedete Dio di fronte a voi. Vedete la sua luce argentea diretta verso di voi. Questa luce vi modella immediatamente, vi ringiovanisce.

8. Vedete la luce argentea di Dio creare la vostra interiorità e l'Universo che vi circonda. Comprendete che in questo momen-

© Грабовой Г.П., 2000

to, la vostra percezione è uguale a quella del Creatore, poiché è basata sull'associazione della logica divina e di quella dell'uomo. Percepite l'Universo, la sua evoluzione, voi stessi in seno all'Universo, come lo fa Dio che vi crea – adesso.

9. Vedete che grazie al vostro libero arbitrio fissate tutti gli obiettivi della vostra vita al momento della vostra creazione. Questi obiettivi dipendono dal vostro desiderio, apparsi all'interno del vostro corpo fisico, si sono proiettati all'esterno. Riguardano la vostra evoluzione perpetua, quella della vostra salute, della vostra gioventù; l'evoluzione eterna di tutta l'umanità e dell'intero Universo.

TERZA FASE DELLA CONCENTRAZIONE

ESERCIZIO DI CONCENTRAZIONE

ASSOCIARE L'AZIONE DELL'UOMO A QUELLA DI DIO PER TRASMETTERE L'INFORMAZIONE IN TEMPO REALE E RINGIOVANIRE

1. Assimilato il modo in cui Dio comunica le Sue conoscenze, rendetevi conto che il Suo è insegnamento, che si rivolge a voi personalmente. Il suo scopo è di rendervi capaci di agire come Lui, trasmettendo la vostra esperienza ad altri.

2. Vedetevi come una persona che possiede delle conoscenze relative alla vita e alla giovinezza eterna. State comunicando istantaneamente queste conoscenze ad altri pur restando qui, lo fate come Dio lo fa per voi. L'azione che compite ora, vi avvicina a Dio, capite che questa azione è una manifestazione del vostro amore nei confronti di colui al quale rivolgete l'informazione e nei riguardi del Mondo intero.

3. Capite che, non solo potete e volete trasmettere delle conoscenze, ma che potete servire da esempio ad altri, mostrar loro il cammino verso la vita e la giovinezza eterna. Il vostro

© Грабовой Г.П., 2000

ringiovanimento, è un argomento convincente, è un mezzo o modo di rendere l'informazione sulla giovinezza eterna, comprensibile e veritiera per gli altri. Esprimendo la finalità del processo di ringiovanimento, determinate l'età che volete avere. Così riunite le tre fasi di concentrazione in una sola azione che mira all'evoluzione dell'Universo intero.

AGGIRARE L'IDEA DELL'IMPORTANZA DELLE CARATTERISTICHE DELL'ETÀ PER UN CETO SOCIALE, VEICOLATO DALLA COSCIENZA COLLETTIVA

1. È più pratico prendere degli esempi concreti della vita sociale dell'uomo, per esaminare il metodo che permette di aggirare l'idea dell'importanza delle caratteristiche dell'età, veicolate dalla coscienza collettiva.

2. Prendete l'esempio dell'immagine di un professore di scuola o di università, nella coscienza collettiva, il professore stesso sente interiormente che deve essere competente e suscitare il rispetto dei suoi allievi. Da parte loro, devono aver fiducia nelle competenze del professore, nel suo metodo di trasmissione delle conoscenze, lo devono rispettare. Una volta trovati questi legami sociali, ogni professore arriverà a sostituire le caratteristiche dell'età con un comportamento adeguato. Assicurerà una buona preparazione di ogni lezione, veglierà all'acquisizione e all'integrazione delle nuove conoscenze, lavorerà con devozione. Dimostrando le sue capacità professionali, potrà facilmente compensare le esigenze della coscienza collettiva riguardanti l'età del professore.

3. Colui che è in via di ringiovanimento, deve applicare lo stesso metodo nella sua attività qualunque essa sia.
C'è solo da individuare i legami sociali determinati dalle caratteristiche dell'età e compensarli con le sue competenze intellettuali.

4. Capite che ciò è basato sulle azioni precise di Dio, che mirano alla realizzazione degli obiettivi che Egli si prefigge.

© Грабовой Г.П., 2000

METODI

NEUTRALIZZARE I FRENI PSICOLOGICI, RIGUARDO AL RINGIOVANIMENTO, DOVUTO ALL'AMBIENTE CIRCOSTANTE

1. Capite che chiunque, sia che si tratti di uno dei vostri cari o di qualcuno che incrociate per strada, non condividendo la vostra certezza di riuscire a ringiovanire, rappresenta per voi un freno al pilotaggio di questo procedimento.

2. In base a ciò, dovete analizzare fino a che punto, il vostro desiderio di ringiovanire sia compatibile con il punto di vista di un'altra persona, anche se è stato espresso una volta in modo completamente inatteso.

3. In questa tecnica, non è indispensabile vedere una persona concreta. Potete semplicemente scorgere i segnali informazionali che convergono verso di voi, ed in seguito inviare una sfera di evoluzione eterna, al braccio destro dell'essere umano unificato. Al contatto con la persona, la sfera favorirà il suo ringiovanimento. Così, tramite la sua esperienza personale, riuscirà a credere che si tratta di un procedimento reale nella sua evoluzione e in quella degli altri.

4. Di conseguenza, favorendo il ringiovanimento di un'altra persona, neutralizzate i segnali che frenano il vostro ringiovanimento.

METODO

CREARE UN CAMPO DI PILOTAGGIO ALLO SCOPO DI RINGIOVANIRE IN MODO INTENSIVO

1. Percepite Dio che vede sempre la Sua creazione in evoluzione perpetua, e crea il sistema temporale conforme alla Sua norma che esclude la vecchiaia.

© Грабовой Г.П., 2000

2. La percezione dell'Universo in perpetua evoluzione, il ringiovanimento di tutti i legami sistemici, compresi quelli che convergono verso di voi, vi permettono di creare un sistema temporale simile a quello di Dio. In questo sistema, i processi del presente sono stabiliti e la vecchiaia non si evolve. Ne risulta che i vegetali sono in buona salute, più robusti, a fogliame persistente, gli animali sono più vivi, agili, giovani e in buona salute.

3. Avete creato questo presente e potete allargarlo e sviluppare ogni ulteriore istante dell'evoluzione dell'Universo. Potete attribuire a questo momento le qualità proprie dell'età scelta, circondarvi di un campo di pilotaggio intensivo e ringiovanire realmente.

4. Una volta in questo campo, voi ringiovanite. Più a lungo vi restate, più siete capaci di tornare indietro nel tempo, non soltanto non invecchiate, ma ringiovanite di giorno in giorno. Così, contrariamente all'opinione della coscienza collettiva, ringiovanite intensamente nel corso degli anni.

© Грабовой Г.П., 2000

Grigori Grabovoi

INSEGNAMENTI SU DIO
LO SPIRITO
LA STRUTTURA FONDAMENTALE
DELL'UNIVERSO

28 Agosto 2003

Seminario sugli insegnamenti di Grigori Grabovoi

L'INSEGNAMENTO DI GRIGORI GRABOVOI SU DIO

LO SPIRITO

Questo seminario è consacrato allo spirito. Il mio insegnamento parla, prima di tutto, dell'azione comune dello spirito umano e dello spirito del Creatore poiché la coscienza umana è incapace di fare rapidamente una distinzione netta tra i due. Occorre notare che lo spirito del Creatore, è allo stesso tempo anche quello del suo corpo fisico.

Nello specifico, considero che, è al corpo fisico di Dio che si rapportano i processi temporali quali gli otto sensi dell'uomo. In compenso egli pensa con la sua Anima. Se si vuole percepire qualcosa che si trova molto lontano, toccarla come se fosse vicinissima, occorre elevarsi al livello di Dio. In un caso simile, il corpo fisico reagisce e comincia a pensare con l'Anima. Può toccare qualunque oggetto, non importa la distanza che li separa: Dio è onnipresente. Inoltre è un meccanismo potentissimo di teletrasporto. All'occorrenza, ci può servire per trasferire molto rapidamente un organo. Così si ottiene una tecnica, giusto esaminando lo spirito in azione.

Il corpo fisico del Dio unico ci serve da modello. Contiene la regione del pensiero dove risiede la sua Anima, questa regione è costantemente ricreata. Considerando più da vicino il rapporto tra le parole, i pensieri e gli atti, possiamo dire che la regione dello spirito di Dio, come quella dello spirito umano, è situata nel corpo fisico, che è il frutto dell'azione dell'Anima. E poiché il nostro corpo si trova in questo posto, gli atti che poniamo in spirito, spiritualizzano il Mondo circostante.

Quando procediamo ad un pilotaggio concreto, che sia per ritrovare la salute o armonizzare un evento, il nostro spirito agisce congiuntamente con il corpo fisico del Dio unico. Notate che io non li separo, spiego semplicemente il movimento dell'Anima che abbraccia lo spirito di Dio e quello dell'uomo. In effetti lo faccio con la mia Anima, anche se utilizzo la parola.

© Грабовой Г.П., 2000

Analizzando questo processo, notiamo che una parola spirituale è portatrice di luce divina. Chiedendo a Dio il suo aiuto per poter guarire o compiere la nostra opera, entriamo in comunione intima con Lui. Lo spirito di Dio, il donatore, e lo spirito del sollecitatore si ricongiungono a livello del corpo fisico di Dio, dove ogni oggetto informato è spiritualizzato. Più l'uomo se ne avvicina, più diventa spirituale, e a sua volta spiritualizza le sue creazioni materiali o intellettuali.

Ora, introdurrò qualche distinzione tra lo spirito e l'Anima. Esaminiamo la loro luce, scrutando l'infinito attraverso lo spirito, noto la sua luminescenza rosa, vedo che è molto mobile. Se lo faccio attraverso l'intermediazione dell'Anima, constato che è più stazionaria e la sua luminescenza è blu vivo. Tali proprietà non cambiano in funzione dell'osservatore.

Cosa distingue lo spirito di Dio da quello dell'uomo? Prima di tutto il frutto della loro azione. L'attività dell'uomo ha per risultato le sue opere materiali o intellettuali, in quanto a Dio la sua creazione può prendere una forma umana, ma potrebbe essere anche un albero o qualche altra cosa. Proseguendo nel nostro studio, arriviamo alla nozione del livello sub-molecolare. Si sa che a questo livello le particelle di gas sono in movimento caotico. Ma prendiamo l'esempio dell'Universo. Vista da lontano, l'attività delle stelle appare tanto disordinata quanto il movimento browniano.

La nostra percezione macroscopica ci fornisce l'immagine di un movimento identico, tanto per il corpo macroscopico che per quello microscopico. Se ne deduce che Dio creò il sistema Universale, Esso concerne tutti i processi, che sono in apparenza completamente caotici, ciò nonostante tutto si mantiene in equilibrio, non si sa come. Dal punto di vista della logica umana, certi movimenti della materia sono stabili.

La gravitazione terrestre, che governa i movimenti dell'uomo, è un punto dove lo spirito dell'uomo raggiunge quello di Dio. È il loro spirito comune, che si forma al di là della materia terreste, ad un'altitudine che supera anche la stratosfera.

Quando si osservano gli anelli di Saturno o di Giove, si riesce a vedere il loro contorno esterno. Per capire come si possono applicare le conoscenze, risultanti dall'osservazione, alla guarigione, dobbiamo soltanto comprendere dove lo spirito di Dio

© Грабовой Г.П., 2000

è abbastanza distante dal corpo dell'uomo. Non si tratta affatto dell'aura, né del campo energetico, ma alla luce reale dello spirito, quella che tesse l'essere umano. Lo spirito ha la facoltà di condensarsi per diventare materia. Questo processo è istantaneo, Dio crea e ricrea in ogni istante. Ora, la materia ci sembra stazionaria, per noi gli oggetti sono sempre immobili, ma sono ricreati costantemente. Allora, possiamo chiederci come fare per costruire il nostro corpo su delle basi spirituali. In questo caso, il principio inverso entra in gioco. Prima di tutto, dobbiamo raggiungere la regione dove sono riuniti lo spirito dell'uomo e quello di Dio. Nello specifico, si tratta del Dio unico che ha un corpo unico, mentre la coscienza presenta ciascun elemento separato dagli altri, lo spirito ci permette di abbracciare l'unità.

Ciò è possibile quando siamo in uno stato di pace, ma appena reagiamo a qualcosa, lo spirito si agita e si emoziona, illumina il nostro corpo dall'interno attraverso l'intermediazione della nostra Anima. Entra in contatto stretto con la zona della percezione che ci fa subito sentire il nostro corpo.

Possiamo dedurne che il corpo fisico è il risultato dell'azione dell'Anima. Essa si proietta verso il Mondo esterno. La cognizione spirituale dà la conoscenza esatta della struttura del corpo. Comprendiamo che gli organi sono al tempo stesso autonomi e legati a un solo punto. In altre parole, tutti i sistemi chiave prendono origine dall'Anima eterna. Vi ho mostrato il meccanismo di cui si serve lo spirito per creare il corpo umano. Allo stesso modo in cui il Creatore fa evolvere il Mondo, possiamo ricreare il nostro corpo attraverso lo spirito.

Ho cominciato spiegando il modo in cui l'uomo percepisce Dio. Lo spirito ci permette di vedere le sue differenti sfaccettature. Possiede il corpo fisico unico ed è onnipresente. L'uomo non lo percepisce, in quanto persona concreta. Per far ciò, deve guardare Dio con gli occhi di Dio, come dobbiamo comprendere questo termine? Poiché Dio ha creato l'uomo a Sua somiglianza, è chiamato a sviluppare le capacità del suo corpo, dei suoi occhi, in modo che si avvicinino al modello divino. Spiego il sistema di conoscenze complesse utilizzando dei paragoni. Date uno sguardo al vostro giardino, e decidete di innaffiarlo. La vostra percezione fisica e la visione dell'Anima e dello spiri-

© Грабовой Г.П., 2000

to, convergono generando la vostra azione, che corrisponde al piano di evoluzione divino. Affinché l'uomo non si distolga dal suo cammino e resti in buona salute, Dio lo fornisce del potere di visione spirituale. Gli occhi dello spirito permettono di vedere il corpo fisico di Dio, non importa la distanza.

È un meccanismo di chiaroveggenza molto potente grazie al quale possiamo aggiustare la nostra ottica e pilotare la realtà. Agendo spiritualmente su un sistema tissutale, procedendo allo stesso modo del corpo fisico di Dio: ricostruiamo il nostro corpo ed influiamo così sull'insieme dei sistemi infiniti. D'altronde, la nozione della propagazione o dell'evoluzione non è nemmeno applicabile allo spirito, poiché è dappertutto e nello stesso tempo. Noi abbracciamo l'infinito nel momento in cui osserviamo mentalmente il nostro spirito.

In base al mio insegnamento, la vita eterna comincia con l'osservazione del nostro spirito. È semplice, guardando il nostro spirito, troviamo il meccanismo che ci conduce all'eternità. Durante un pilotaggio spirituale, entriamo in contatto molto stretto con tutti i sistemi oggettivi. Diventano più mobili e maneggevoli, solo l'essere umano resta immutato.

Per comprendere il livello di evoluzione o le intenzioni di qualcuno, possiamo fare una diagnosi molto semplice. È sufficiente osservare la luce del suo spirito: se vediamo un raggio rettilineo è stabile, la persona è positiva e ha una comprensione giusta delle cose. Se il raggio spezza lo spazio, la persona cerca una risposta alle proprie domande. Per aiutare la persona, è sufficiente stabilizzare il raggio del suo spirito. Non avete bisogno di apportargli delle spiegazioni esaurienti, in regola generale, colui che lavora spiritualmente non è loquace.

Per me, è un mezzo di comunicazione potente, è sufficiente accendere la sua "lanterna spirituale", per stabilire dei legami luminosi con qualcuno. La persona può trovarsi molto lontano, anche in un'altra galassia (cosa possibile nel futuro). Grazie allo spirito, la vedremo come se fosse al nostro fianco, poiché è guidato da Dio, lo spirito lo vede anche l'uomo.

Per lo spirito, l'Anima è un sistema macroscopico preesistente. Lo spirito viene dall'Anima, allo stesso modo in cui lo spirito e l'Anima di Dio formano il suo corpo, lo spirito e l'Anima dell'uomo costruiscono il suo. Immaginate questi due corpi come superfici riflettenti la luce, quest'ultima passa da una

© Грабовой Г.П., 2000

superficie all'altra. Secondo le leggi della fisica, la luce si spegne ad un certo punto, invece la luce dello spirito è una luce che non si spegne mai.

D'altra parte, si può dire che Dio ha creato lo spirito per essere in contatto con l'uomo. Notate che l'uomo considera lo spirito come una sostanza esteriore, e allo stesso tempo intimamente legata a sé. Se l'Anima è una componente intrinseca del corpo fisico, lo spirito è paragonabile all'aria che lo circonda. Quando diciamo che qualcuno è spirituale, significa che è vicino a Dio. È Dio che ha creato lo spirito, ma una volta riflesso dall'uomo diventa umano. Lo spirito di Dio tocca l'uomo, cerca di entrare in lui, di apportargli delle conoscenze spirituali. Se l'uomo accetta riceve l'amore di Dio, Dio ama tutta la sua creazione senza riserva, ma indica a ciascuno il proprio cammino. Scopriamo la vita eterna quando lo spirito di Dio cerca di entrare in noi.

Possiamo imparare a ristabilirci attraverso delle tecniche, a pilotare la realtà attraverso la coscienza. Si può vivere un miliardo di anni. Ma cosa succederà dopo? Cosa ci garantisce la vita eterna? Noi sappiamo che l'uomo è eterno, perché abbiamo integrato le conoscenze di tutti i sistemi dell'universo, sappiamo come Dio procede per essere eterno, allora bisogna stabilire un contatto intimo con Lui, accettarlo nella nostra Anima, nel nostro spirito e nel nostro corpo. Ma più ancora, dobbiamo imparare a ricreare costantemente il nostro spirito.

Ho utilizzato la parola "accettare" perché Dio ci concede il libero arbitrio. L'uomo accetta Dio, sia nel suo spirito, che nella sua Anima e nel suo corpo. Bisogna accettarlo in tutti questi sistemi per restare sempre in buona salute. Quando l'uomo lo fa di buon grado, agisce esattamente come Dio. Di conseguenza il corpo fisico dell'uomo diventa eterno come quello del Dio unico. Parlo spesso di azione, l'uomo può agire per raggiungere un obiettivo, mentre Dio agisce perpetuamente e ovunque. Perché ci si possa avvicinare al livello divino, propongo di operare per la salvezza dell'umanità e prevenire un eventuale catastrofe planetaria. Quando la vostra azione è spirituale i suoi effetti sono già Universali.

Prendiamo l'esempio di una persona che cammina, cosa fa sì che il suo piede destro avanzi per primo? Visto che ogni elemento dell'Universo compie la propria funzione, il piede destro "ra-

© Грабовой Г.П., 2000

giona" conformemente allo spirito umano, e quest'ultimo entra in contatto con lo spirito della terra sulla quale cammina l'uomo. Tempo fa, esistevano numerose leggende sul contatto degli umani con degli spiriti della natura. Ogni volta che l'uomo affrontava l'ignoto, diceva che aveva incontrato degli spiriti. Nella coscienza collettiva, lo spirito è il mezzo più tangibile della comunicazione con l'ignoto, che può riunire differenti sistemi di conoscenza.

In questo modo, lo spirito è sempre in cima all'insegnamento che l'uomo riceve da Dio. Al primo stadio di concezione, impara a sviluppare la sua prima cellula, a fare i primi respiri dopo la nascita etc. ma Dio gli lascia il libero arbitrio. Il feto sceglie il modo di ricevere gli alimenti, è capace di regolare la sua attività, di "dirigere" i movimenti della madre, dal punto di vista spirituale, è un essere umano a tutti gli effetti.

Quindi, deve esistere un meccanismo permettente a ciascuno di accedere al pilotaggio del Mondo esterno. Un adulto fisicamente prestante, una persona molto intelligente, un bambino o un essere appena concepito, ognuno ha la possibilità di far evolvere la vita, cominciando dal proprio sistema cellulare. La condensazione massimale dello spirito forma la personalità e il corpo fisico. L'essere umano non è solo un corpo, trova un senso alla vita attraverso la sua creatività. Il feto partecipa già, poiché deve sopravvivere e svilupparsi per diventare un essere completo. Poco importa il luogo dove evolve, si può vivere da eremita o tra gli uomini. Ciò che importa è la libertà interiore che risentiamo imparando e ponendo degli atti spirituali. Questa libertà ci è stata data prima del nostro concepimento, poiché lo spirito non conosce limiti. D'altronde un bambino è spesso più libero dentro il ventre della madre: è nel suo elemento. Dopo la nascita, quando comincia a camminare, incontra degli ostacoli.

Nella sorgente originale, "l'archetipo uomo" è in fusione con Dio, ma si vede come un individuo distinto una volta che è nella regione dell'Anima che dà vita allo spirito di Dio. Emana una luce potente, è sufficiente entrarvi, e potete vedere con i vostri occhi il corpo di Dio unico, e comprendere subito come sviluppare il vostro spirito secondo la volontà di Dio, non vi obbligo a seguire uno stretto programma, ma siete chiamati a restare in vita e ad evolvere liberamente.

© Грабовой Г.П., 2000

Una questione sorge allora, come fa l'uomo a scoprire la sua missione e dove trova i mezzi per compierla? per esempio – la salvezza universale può essere considerata come una necessità logica per l'uomo, ma se si tratta della propria missione come ne prende conoscenza? Inizialmente è pronto ad assumerla, e questa informazione viene data all'uomo dal suo spirito che entra in contatto con Dio.

Quando avete accesso a questa informazione, vedete l'essenza spirituale dell'universo intero, comprendete che **pilotare** è certamente possibile. In quel momento realizzate che siete "solo", nel senso in cui voi siete lo spirito che abbraccia tutta la realtà e che si è fatto carne per **pilotarlo**. Una volta che avete compreso che lo spirito agisce attraverso il vostro corpo e che il suo potere è illimitato, potete influire sull'attività delle stelle e delle galassie. Vi ho appena mostrato che lo spirito può diventare corpo e come lo fa.

Una volta assimilata la struttura del corpo di Dio unico, non è più un mistero per voi, realizzate di poter vedere bene quanto Lui. Poiché lo spirito percepisce la verità intera, i suoi occhi possono servire alla comunicazione istantanea. È un mezzo universale, senza restrizioni riguardo alle lingue ed ai sistemi di cultura. Lo spirito è presente dappertutto, è unico per tutti quando è unito a quello di Dio. In altre parole, la condizione spirituale vera è la stessa presso tutti gli esseri umani. È sempre al servizio del bene comune.

Il corpo del Dio unico si rivela all'umanità per salvarla. Gli uomini sono differenti gli uni dagli altri, tutti non hanno la stessa visione dell'universo, lo stesso livello spirituale, ma per vivere insieme, per salvare il pianeta dalla distruzione di massa, è importante che possano agire congiuntamente al di sopra dei loro interessi personali. Allora devono comprendere come funziona il corpo di Dio e arrivare a fare altrettanto.

Supponiamo che qualcuno abbia imparato una tecnica di salvezza e che desideri condividerla con una persona proveniente da un livello sociale differente e che ha delle idee diverse. Non gli resta che raggiungere questa persona per trasmetterle le sue conoscenze. È così che procede il corpo di Dio unico. È certo che l'unione nello spirito sia l'unica via che conduce alla vera cooperazione. La comunicazione spirituale è spesso più semplice e completa rispetto all'uso del linguaggio.

© Грабовой Г.П., 2000

Anche se la percezione dello spirito è illimitata e spesso sfuggente, esistono degli elementi costanti che permettono una comunicazione senza perturbazioni, indipendentemente dall'estrazione sociale. Questi elementi sono relativi alle parti del corpo umano. Ad esempio – è sufficiente pensare che il vostro braccio destro sia avvolto di luce per stabilire un contatto con una persona che si trovi ad una distanza infinita da voi, di seguito, dirigete la luce verso il braccio destro della persona, voi trasmettete così le conoscenze spirituali che volete, che siano universali o personali. Dare una stretta di mano a qualcuno, è un'altro modo per trasmettergli l'informazione. Certamente è un gesto comune al quale non si presta attenzione, ma non bisogna sottovalutare il suo aspetto spirituale. Non si stringe la mano a qualcuno senza avere delle affinità con lui.

Se la persona è al vostro fianco, immaginate la sua mano sinistra nella vostra mano destra, contemporaneamente, le vostre conoscenze aumentano, sicuramente quelle che sono in rapporto con la salute e l'armonia dell'universo ad esempio. Poco a poco, un dialogo da cuore a cuore si installa tra voi due, si direbbe che siete in uno stato prossimo al **Nirvana**. Rivolgendosi a Dio, l'uomo giunge le mani o alza le braccia verso il cielo, spesso intuitivo, questo gesto è un'altra tecnica spirituale.

Senza dilungarci su questi dettagli, che potete esaminare voi stessi, vediamo come fare per avere un contatto diretto permanente con Dio. Il corpo di Dio non ha limiti spazio-temporali. In qualche modo Egli "È in Se stesso". La logica umana vuole che il corpo di Dio e la sua creazione siano confinati in uno spazio chiuso. Essendo azione, crea una separazione, pur restando universale Dio può rivelarsi a ciascuno individualmente in quanto persona.

Questa visione spirituale è la base di un meccanismo di guarigione molto potente. I virus che sono all'interno dell' organismo umano sono anche diagnosticabili e separabili dalle sue parti sane, poiché l'uomo fa parte di Dio che è la norma della salute. L'amore determina la nostra salute, l'Anima umana è chiamata ad evolvere verso Dio. In tutti gli altri sistemi è in via di costruzione, anche se stazionaria all'origine, l'Anima umana evolve verso Dio grazie allo spirito. Quest'ultimo ispira l'uomo nella realizzazione delle sue opere conformi al disegno di Dio.

© Грабовой Г.П., 2000

L'uomo raggiunge la regione dove il suo spirito è unito a quello di Dio che ha il corpo unico.

Durante questo seminario, avete imparato a servirvi del braccio destro per comunicare delle informazioni. Studiando la correlazione dei vostri organi e sistemi, vedrete che il loro funzionamento è regolato dallo spirito benché sembrino autonomi. Lo spirito fa circolare il sangue e battere il cuore mettendolo in contatto diretto e permanente con Dio. Lo spirito "si ripiega" diffondendo la sua luce sui sistemi macroscopici. Ogni organo "vede" Dio e interagisce con Lui. Uniti a Lui e concentrati interiormente, potete trasmettere l'informazione.

Lo spirito è autosufficiente, come il corpo di Dio "si ripiega" emettendo la luce che contiene le conoscenze su se stesso. In questo modo, può creare e pilotare il Mondo esterno. Il metodo di **pilotaggio** relativo a questa facoltà dello spirito è semplice. Ponete mentalmente l'oggetto del vostro corpo, sapendo che lo spirito **pilota** vi risiede. Nello stesso tempo vedetelo all'esterno, là dove si trova Dio. Così riuscirete a creare una realtà che non avrete più bisogno di modificare. Tutto si sistemerà per il meglio, come se fosse stato previsto all'origine.

In contatto diretto con Dio, potete cambiare completamente la struttura dell'universo. Il sistema di **pilotaggio** più naturale di cui l'uomo dispone è lo spirito. Grazie allo spirito l'informazione negativa degli eventi sparisce dalla struttura dell'universo, e in seguito non la si rileva più. È un metodo molto potente per recuperare la salute, prevenire una catastrofe planetaria, etc.

Tengo a sottolineare nuovamente che questo **pilotaggio** è paragonabile a quello di Dio.

Termina così il nostro seminario.

****

© Грабовой Г.П., 2000

ESERCIZI DI CONCENTRAZIONE
TECNICHE E METODI

È preferibile studiare gli esercizi di concentrazione e le tecniche riportate di seguito, insieme alla parte teorica – "**insegnamento su Dio**" – proposto da Grigori Grabovoi e ai suoi corsi pratici della sua opera, consacrata a questo soggetto.

Le tecniche qui presentate, servono da materiale di riferimento a coloro che hanno studiato la parte teorica e seguito dei corsi pratici. Queste tecniche permettono loro di comprendere meglio gli esercizi e di fissare la proprie conoscenze.

ESERCIZIO DI CONCENTRAZIONE

DIVENTARE CONSAPEVOLI DELLA REALTÀ ASSOLUTA DELLA PROPRIA ANIMA

1. Sentite e vedete il vostro corpo come un elemento materiale, distinto dallo spazio circostante.
2. In seguito comprendete che ogni essere umano possiede un'Anima. Vedete la vostra Anima dar vita al vostro spirito che, insieme allo spirito di Dio, crea e ricrea il vostro corpo fisico.
3. Vedete il vostro spirito che si libera dalla vostra Anima, e unito a quello di Dio, si muove nello spazio circostante, dove appare il vostro corpo. Il vostro corpo è perfettamente reale.
4. Riunite queste immagini, approfondite la visione del vostro corpo, il frutto dell'azione della vostra Anima. È lei che l'ha creato.
5. Attraverso questo esercizio di concentrazione sul vostro corpo, prendete coscienza della realtà assoluta dell'Anima. Il vostro corpo è reale, allora è reale anche la vostra Anima. È il primo passo verso una comprensione profonda dell'Anima.

© Грабовой Г.П., 2000

ESERCIZIO DI CONCENTRAZIONE E METODO

SPIRITUALIZZARE IL FRUTTO DEL VOSTRO LAVORO

1. Vedete la vostra Anima in azione, vedete lo spirito agire congiuntamente con lo spirito del corpo di Dio unico. Vedete ancora come il vostro spirito e quello di Dio creano insieme il vostro corpo. Rendetevi conto che abitano sempre il vostro corpo.
2. Vedete il vostro spirito e lo spirito del corpo di Dio muoversi attorno al vostro corpo spiritualizzando il Mondo circostante.
3. Agite consapevolmente su qualche cosa nello spazio. Vedete che lo fate grazie all'azione comune del vostro spirito, e di quella del corpo di Dio. Siete intimamente uniti a Dio.
4. Capite che lo spirito di Dio unico agisce attraverso il suo corpo, poiché i due sono inseparabili.
5. Osservate la spiritualizzazione dell'Universo nel momento in cui vi avvicinate al corpo fisico di Dio agendo con il suo spirito.
6. Capite che siete in grado anche voi di spiritualizzare tutti gli oggetti, in ognuno dei vostri pensieri, dei vostri gesti quotidiani. Lo fate quando preparate i pasti, riparate o lavate i vostri vestiti, aiutate vostro figlio a vestirsi, scrivete delle poesie, componete o interpretate un brano musicale etc.

ESERCIZIO DI CONCENTRAZIONE

VEDERE LA LUCE DEL VOSTRO SPIRITO E DELLA VOSTRA ANIMA

1. Controllate il vostro respiro e prendete coscienza del vostro corpo, perché l'equilibrio e la pace si stabilizzano in voi.

2. Ad ogni respiro, entrate in voi stessi per arrivare a vedervi attraverso la vostra Anima.

© Грабовой Г.П., 2000

3. Arrivati al livello dell'Anima, continuate a concentrarvi, vedete la luce dell'Anima. Cercate sempre di scrutare l'infinito nel fondo della vostra Anima. A questo livello, la vostra Anima è stazionaria, la sua luce stabile è blu vivo.

4. Restate sempre concentrati, osservate il vostro spirito, così rilassati provate nuovamente a scrutare l'infinito attraverso il vostro spirito. A questo livello, il vostro spirito è impetuoso, pronto ad agire, la sua luce è rosa.

TECNICA

VEDERE LA LUCE DELLO SPIRITO DI DIO AL NOSTRO FIANCO PER RITROVARE LA SALUTE

1. Preparatevi a percepire la luce dello spirito di Dio nello spazio circostante.

2. Osservate la persona che volete aiutare, vedete la luce dello spirito di Dio che la circonda. Notate a che punto lo spirito di Dio è vicino al corpo di questa persona.

3. Per aiutare questa persona, dovete solo guardare la luce dello spirito di Dio. Sappiate che non è né l'aura né il campo energetico della persona, ma esattamente la luce dello spirito di Dio. State guardando la sostanza che tesse il corpo umano.

4. Non provate a dirigere la luce di Dio verso il corpo della persona, né ad unire il suo spirito a quello di Dio. Tutto ciò che dovete fare, è osservare. In questo modo, trasmettete l'informazione alla persona, è la persona stessa che fa il resto del lavoro grazie alla sua aspirazione spirituale.

© Грабовой Г.П., 2000

TECNICA
VEDERE IL VOSTRO SPIRITO E QUELLO DI DIO, E CREARE INSIEME A LUI IL VOSTRO CORPO, È UNA TECNICA DI AUTO-RISTABILIMENTO

1. Comprendete che Dio è il Creatore di ogni cosa. Vedete il suo spirito muoversi intorno a voi e propagarsi all'infinito.
2. Trovate le regioni dove il vostro spirito si unisce a quello di Dio allo scopo di creare il vostro corpo fisico. Si tratta della regione della vostra Anima e delle zone limitrofe.
3. Cominciate a osservare queste regioni, vedete il vostro corpo in costruzione, in realtà, è una prima "pietra dell'edificio".
4. Questa percezione e la comprensione di voi stessi favoriscono l'auto-ristabilimento permanente del vostro corpo in tempo reale.

ESERCIZIO DI CONCENTRAZIONE E METODO

AUTO-RESTAURARE IL CORPO FISICO GRAZIE ALLA COGNIZIONE SPIRITUALE DI SÉ E ALL'ESTERIORIZZAZIONE

1. Entrate in uno stato di pace profonda, sempre restando concentrati su ciò che vedete.
2. In questo stato di pace e di concentrazione, entrate in voi stessi per vedervi attraverso la vostra Anima.
3. Sempre conservando la vostra calma interiore, osservate il Mondo esterno come una struttura trasparente in cui tutti gli elementi sono saldati. Da questo punto di vista, il vostro corpo vi appare come un oggetto esteriore, ha la stessa densità trasparente del Mondo esterno.
4. Scegliete un'oggetto che susciti in voi delle emozioni positive. Vedetelo davanti a voi, al centro dell'Universo infinito. Potrebbe essere la vostra casa, il vostro animale, un albero, vostro figlio, la persona che amate. Sentite il vostro corpo reagire

© Грабовой Г.П., 2000

a questa visione.

5. Scegliete ora un altro oggetto, restate sempre concentrati, osservate la reazione, notate la differenza tra le due reazioni del vostro corpo. La densità del vostro corpo è la stessa?
6. Analizzate le diverse percezioni del vostro corpo. Comprendete che è l'opera della vostra Anima che si è esteriorizzata per aiutare il Mondo ad evolvere. Ciò è possibile grazie alla vostra aspirazione spirituale.
7. Esaminate gli organi del vostro corpo, sono autonomi e allo stesso tempo, legati a un centro che è la vostra Anima eterna, trovate i legami funzionali tra loro che avete ignorato in precedenza, Trovate questi legami tra i polmoni e il cuore, tra i polmoni e le vie gastro-intestinali, tra il cuore e i reni.
8. Riunite tutti i livelli di percezione, vedete il vostro spirito creare il vostro corpo allo scopo di fare evolvere il Mondo.
9. Potete capire pienamente che agite come il Creatore che fa evolvere l'Universo.

ESERCIZIO DI CONCENTRAZIONE E METODO

SVILUPPARE LA CHIAROVEGGENZA IN QUANTO MEZZO DI PILOTAGGIO

1. Comprendete che associate la visione fisica alla visione spirituale se volete cambiare le vostre azioni. Capite che ciò vi permette di seguire la via che Dio ha previsto per voi, senza commettere errori.

2. Capite che la capacità di vedere il corpo fisico di Dio, vi permette di restare in buona salute e di seguire il vostro cammino senza deviare. Comprendete che potete vedere in modo spirituale, ma attraverso il vostro sistema tissutale, ad esempio con i vostri occhi fisici. Questo è un mezzo di comunicazione dell'informazione dell'insegnamento di Dio a coloro che vi circondano.

3. Percependo e assemblando questa informazione, preparatevi a vedere con i vostri occhi il corpo fisico di Dio, attraverso il vostro sistema tissutale. Capite che il vostro spirito vi permette

© Грабовой Г.П., 2000

così di discernere degli oggetti, qualunque sia la distanza che vi separa da essi.

4. Capite che questa visione non è altro che chiaroveggenza, potete regolare la luce del vostro spirito, e allo stesso tempo utilizzarla per pilotare gli eventi.

5. Pilotate qualcosa utilizzando la vostra chiaroveggenza. Attraverso il vostro tessuto oculare guardate le piante del vostro giardino con gli occhi dello spirito. Potete influire sulla crescita di un albero di un fiore, ma anche di un intero campo di grano, poco importa a quanta distanza si trovino da voi, capite bene che sono il vostro spirito e la vostra Anima che agiscono attraverso i vostri occhi fisici.

6. In caso di un evento complesso del quale non riuscite a seguire lo svolgimento, potete modificare la sua forma informazionale. Per riportare l'evento alla norma, visualizzatelo in una sfera. Ancora una volta, è molto importante capire che agite con lo spirito attraverso i vostri tessuti. Potete armonizzare così i vo- stri rapporti con il prossimo, gli amici, i colleghi, aiutare il vostro bambino organizzando degli eventi felici nella sua vita. Sappiate che anche il vostro bambino vi partecipa ricevendo l'informazione spirituale che gli inviate.

7. Capite che agite allo stesso modo del corpo di Dio unico. State modellando il vostro corpo poiché passate attraverso esso per pilotare una moltitudine di sistemi lontani.

METODO

PERCEPIRE L'ETERNITÀ E LA NOSTRA INTERAZIONE CON GLI OGGETTI ESTERNI SUL PIANO SPIRITUALE

1. Capite che, per vedere lo spirito, non è necessario seguire il suo spostamento in un solo punto, è già dappertutto, fino all'infinito. Percependo il vostro spirito, siete capaci di abbracciare l'eternità.

2. Percepite il campo del vostro spirito davanti al vostro cor-

© Грабовой Г.П., 2000

po fisico, esaminatelo.

3. Osservando il campo dello spirito a partire da un punto, riuscite a vedere che è onnipresente, sentite la sua velocità infinitamente grande. Trovandovi in questo punto, sentite un legame fortissimo che subisce il vostro spirito con ogni cosa che esiste nell'Universo. Potete vedere che i sistemi, ad eccezione dell'uomo, con i quali il vostro spirito entra in contatto, diventano più morbidi, più mobili. Non dimenticate che l'uomo regola da solo i processi all'interno del suo corpo.

© Грабовой Г.П., 2000

METODO

COMUNICARE SPIRITUALMENTE CON UN'ALTRA PERSONA

1. Entrando in contatto con qualcuno, osservate i raggi spirituali che vi uniscono. Verificate se sono stabili, rettilinei.
2. Se il raggio luminoso è rettilineo, il vostro interlocutore vi comprende correttamente, Se è rettilineo, ma fa dei movimenti come se spezzasse lo spazio antistante, il vostro interlocutore cerca di capirvi. Per aiutarlo a farlo più rapidamente, è sufficiente stabilizzare il raggio. Potete proseguire la vostra comunicazione, la persona riceverà più facilmente e rapidamente l'informazione che voi trasmettete.
3. In base alla proprietà del raggio che notate, potete anche vedere se il vostro interlocutore è ben disposto verso di voi, in questo caso, il suo raggio luminoso si dirigerà diritto verso di voi.
4. Quando i vostri rapporti con gli altri, i vostri vicini, gli amici, sono armoniosi, voi individuate facilmente il loro raggio, malgrado la grandissima distanza che vi separa fisicamente. Accendete la vostra "lanterna spirituale", e vedrete la persona vicino a voi. Ciò vi permette di aiutare il vostro prossimo, trasmettergli un'informazione, essere realmente al suo fianco sul piano spirituale.

METODO

CAPIRE IL PROCEDIMENTO DI CREAZIONE PERMANENTE DEL VOSTRO SPIRITO PER RAGGIUNGERE L'ETERNITÀ

1. Capite che Dio comunica all'uomo delle conoscenze spirituali molto profonde ed esaurienti, assimilandole, scoprite l'amore di Dio.
2. Capite che esiste un livello a partire dal quale Dio vi insegna a creare e ricreare il vostro spirito. Accettatelo nella vostra

© Грабовой Г.П., 2000

Anima, nel vostro spirito, nella vostra coscienza e nel vostro corpo.

3. Immergetevi in voi stessi fino a che vedrete la vostra Anima.

Restate concentrati, accettate consapevolmente lo spirito di Dio nella vostra Anima.

4. Ora, percepite il vostro spirito e il vostro corpo fisico. Accettate nel vostro spirito quello di Dio. Osservate la reazione della vostra coscienza e del vostro corpo.

5. Sempre rimanendo concentrati e consapevoli dei vostri atti, lasciate lo spirito di Dio entrare nella vostra coscienza. Osservate ancora una volta la reazione della vostra coscienza e del vostro corpo.

6. Restate ancora concentrati, accettando lo spirito di Dio nel più profondo del vostro corpo.

7. Accettando Dio a tutti i livelli del vostro essere, agite come Lui. Il vostro corpo diventa come il Suo, sul piano dell'evoluzione eterna.

ESERCIZIO DI CONCENTRAZIONE E METODO

SCOPRIRE LE PROPRIE ASPIRAZIONI SPIRITUALI, PRECISAMENTE LA PROPRIA MISSIONE

1. Comprendete che il vostro spirito ha accesso, non soltanto allo spazio fisico infinito, ma anche a tutti i sistemi della realtà.

2. Capite che il vostro spirito può vedere il suo nucleo originale, prima del concepimento dell'essere umano, è lì, nell'Anima di Dio che si trova la sorgente unica dalla quale trae origine lo spirito di Dio.

3. Dirigete consapevolmente il vostro spirito verso questa sorgente. Allora vedrete con i vostri occhi la luce potente del corpo fisico di Dio.

4. Qui, in contatto con il corpo fisico di Dio, capite ciò che bisogna fare per sviluppare il vostro spirito secondo la volontà divina. Rendetevi conto che qui il vostro spirito trova la sua missione ed i mezzi per compierla. Scoprite la vostra missione.

© Грабовой Г.П., 2000

TECNICA

COMUNICARE UN'INFORMAZIONE DI ORDINE SPIRITUALE ATTRAVERSO IL VOSTRO CORPO FISICO, IN PARTICOLARE PER MEZZO DEL VOSTRO BRACCIO DESTRO

1. Vedete nuovamente la luce dello spirito illimitato in movimento. Constatate che non è sempre facile localizzarlo quando si compie un'azione concreta, ma che allo stesso tempo è molto stabile quando si tratta di atti che mirano alla salvezza dell'umanità.
2. Capite che possedete le vostre risorse ed i mezzi precisi per trasmettere le conoscenze spirituali. Comprendete anche che si trovano nel vostro corpo, poiché quest'ultimo è una componente solida della vita.
3. Immaginate che dovete comunicare un'informazione a qualcuno che si trova molto lontano, forse non sapete esattamente dove. Lo farete in due tappe.
4. La prima tappa consiste nel riempire il vostro braccio destro di luce, dalle dita alla spalla. Nella seconda tappa, passate subito la luce al braccio sinistro della persona che è davanti a voi – (in una visione speculare, quello che per voi è il suo braccio destro). È sufficiente pensare alla luce, e la trasmissione è fatta. Potete comunicare alla persona delle informazioni universali o personali.
5. Se la persona è al vostro fianco destro, immaginate di toccare la sua mano sinistra con la vostra mano destra.

METODO

VEDERE DIO COME IL CREATORE DI OGNI COSA, E AL TEMPO STESSO COME PERSONA

1. Vedete che il corpo fisico di Dio è assolutamente libero. Niente lo intralcia, né lo spazio né il tempo. Dal punto di vista umano, il suo corpo è in Se stesso, quindi nell'universo che ha creato.
2. In questo modo, l'uomo può percepire Dio in quanto Creatore di tutto ciò che esiste, e allo stesso tempo, come una persona abitante nel suo Mondo autonomo.

© Грабовой Г.П., 2000

3. Questa visione di Dio permette all'uomo di eliminare istantaneamente dei virus dal suo corpo, poiché si trova all'interno del Creatore. Dio è la norma della salute.

TECNICA

RECUPERARE LA SALUTE ED ARMONIZZARE GLI EVENTI PONENDO L'OGGETTO DEL PILOTAGGIO NEL VOSTRO CORPO FISICO DOVE RISIEDE IL VOSTRO SPIRITO

1. Osservate il vostro spirito. Si muove creando gli organi del corpo ad immagine e somiglianza di quello di Dio. Vedete il vostro spirito ripiegarsi. È il suo modo di generare e trasmettere informazioni su di sè. Vedete il vostro spirito restaurare e **pilotare** in questo modo la realtà esterna.

2. Se avete bisogno di riportare alla norma qualcosa, ponetela nel vostro corpo, sapendo che lo spirito **pilota** vi risiede.

3. Constatate che agendo nello spirito, lo fate come Dio.

****

© Грабовой Г.П., 2000

Grigori Grabovoi

**L'INSEGNAMENTO DI
GRIGORI GRABOVOI SU DIO
LA STRUTTURA FONDAMENTALE
DELL'UNIVERSO**

20 Febbraio 2004

LA STRUTTURA FONDAMENTALE DELL'UNIVERSO

L'obbiettivo di questo seminario è insegnare ai partecipanti l'esistenza del livello fondamentale dell'Universo. Il pilotaggio della realtà a partire da questo livello, permette di risolvere i problemi personali e di salvaguardare l'equilibrio dell'universo.

Colui che riesce a pilotare la realtà al livello fondamentale, non vede più ostacoli sul suo cammino. Senza alcuna resistenza dall'esterno, costui avanza liberamente e vede solo armonia in ogni cosa. Gli basta posare lo sguardo su un elemento lontano che presenti un pericolo, affinché la sua vita sia armoniosa. Il livello di pilotaggio fondamentale è divino, permette all'uomo di percepire le sue azioni come quelle di Dio, di conseguenza, il pilotaggio è molto efficace.

Il livello fondamentale è il più semplice da studiare e pilotare. Una volta compreso il livello fondamentale, capirete più facilmente tutto ciò che segue.

Durante il seminario, parleremo delle tecniche che mirano all'auto-guarigione del corpo e l'armonizzazione degli eventi dell'uomo. Queste tecniche si poggiano sulla percezione del livello fondamentale e sulla nostra interazione con oggetti della natura, ad esempio un albero. Esamineremo la distribuzione delle proprietà eterne alle stelle ed ai pianeti. Si tratta di una tecnica che permette di auto-ristabilire la propria salute.

Praticheremo degli esercizi nel corso dei quali vedremo l'inseparabilità dell'Anima dal corpo, l'unione intima dell'uomo con Dio e la loro perpetua evoluzione.

Nello stesso tempo in cui presento questo soggetto, è indispensabile cominciare immediatamente il pilotaggio, per quanto possibile, nello spirito della struttura fondamentale dell'Universo.

© Грабовой Г.П., 2000

LA STRUTTURA FONDAMENTALE DELL'UNIVERSO

Il soggetto del seminario di oggi è l'insegnamento su Dio, la struttura fondamentale dell'Universo.

Nello stesso tempo in cui presento questo soggetto, è indispensabile cominciare immediatamente il pilotaggio per quanto possibile nello spirito della struttura fondamentale dell'Universo. L'aspetto fondamentale della struttura dell'Universo, dal punto di vista di Dio corrisponde ad un'azione quasi immediata. Così l'azione e l'aspetto fondamentale di un fenomeno, come per l'Universo sono quasi equivalenti. Perciò per Dio ogni azione è un'azione fondamentale, che è allo stesso tempo una conseguenza. In effetti, ogni azione è equivalente in qualsiasi sistema. Ne consegue che ogni volta che parliamo di un tale fenomeno, dobbiamo tener conto del livello fondamentale grazie al nostro pilotaggio personale. È per questo motivo che l'azione e la presa di coscienza, sono quasi la stessa cosa in questo contesto e secondo questo livello di pilotaggio. Se desideriamo un elemento della realtà come un'auto-guarigione da una malattia complessa, o un pilotaggio molto rapido, questa azione deve svolgersi altrettanto bene nella nostra coscienza, che in qualunque altro sistema compreso nella realtà, per esempio – in una realtà fisica. Ne consegue che il pilotaggio fondamentale in questo caso, è la presa di coscienza del senso pratico dell'azione in funzione della conoscenza dell'universo. Questa presa di coscienza ci è data da Dio, perciò la struttura fondamentale dell'Universo è un livello della conoscenza, in questo caso possiamo dire, è la possibilità di conoscere dei fenomeni.

Quando volete utilizzare questo metodo da un punto di vista strettamente pratico, dovete considerare il fatto stesso di sapere com'è un elemento di collegamento tra i fenomeni interni e quelli esterni della realtà. In questo modo sapete precisamente che vi trovate al livello fondamentale della conoscenza (si tratta di un fattore personale della conoscenza della realtà), e facendo ciò, siete perfettamente capaci di concludere che il vostro piano fondamentale ed il Mondo esterno, che è modificabile, sono la

© Грабовой Г.П., 2000

stessa cosa. Ciò vuol dire che vi trovate ad un livello strutturale profondo. Per molti si tratta di un livello divino di pilotaggio dell'Universo. Secondo il mio insegnamento su Dio, la struttura fondamentale dell'Universo, è un sistema di superconoscenza che Dio ci ha offerto, vale a dire un sistema di conoscenza immediata della realtà, ed un sistema di pilotaggio simultaneo della stessa. In effetti, questo livello permette di renderci conto di qualunque aspetto fondamentale, come livello teorico e pratico, ma anche il livello di realizzazione dell'azione.

Detto ciò, le leggi fondamentali della struttura dell'Universo, dal punto di vista di Dio, costituiscono da una parte la legge della trasmissione simultanea dell'informazione all'uomo e a Dio, (Dio trasmette immediatamente l'informazione proprio come fa l'uomo) e d'altra parte la legge della presa di coscienza in settori specifici della realtà di una stessa cosa. Dio e l'uomo riconoscono certi sistemi della realtà allo stesso modo, infatti ciò deve essere fatto così. Dio fornisce un livello di pilotaggio sotto-intendendo che Egli ha la stessa comprensione della realtà dell'uomo, ecco perché quando esaminate questo processo di pilotaggio, vedete che il livello della conoscenza di elementi identici della realtà, è il livello della struttura del corpo fisico dell'uomo dal punto di vista di Dio, quando esaminiamo questo processo più attentamente. Dio considera il corpo fisico dell'uomo come un aspetto fondamentale dell'Universo. Possediamo un livello tale di pilotaggio, secondo il quale Dio e l'uomo prendono coscienza del corpo fisico di quest'ultimo allo stesso modo. Allora, possiamo orientare il movimento del nostro corpo fisico verso la vita eterna se ci poniamo la domanda ad esempio, in che modo Dio vede l'uomo. Così dobbiamo prima di tutto acquisire logicamente la conoscenza del livello dell'Universo dal punto di vista di Dio, e diffonderlo sulla nostra azione, ciò vuol dire che dobbiamo creare le nostre azioni allo stesso modo di Dio, che prende coscienza del corpo fisico dell'uomo, creato dalle azioni per quest'ultimo. In principio vediamo che questo livello si rivela complesso, tanto nell'ideologia che nella pratica. Infatti ce ne serviamo in permanenza. Le persone sono capaci di vedere il livello fondamentale dell'Universo nelle azioni elementari, ancor più che questa conoscenza è situata nella coscienza di Dio, quan-

© Грабовой Г.П., 2000

do iniziamo a determinare la struttura dello sviluppo dell'uomo e dei livelli corrispondenti al livello divino, per esempio, la coscienza di Dio – l'uomo vede il divino venire a contatto con lui.

Possiamo dire che la fede dell'uomo in Dio è un'azione cosciente che inizialmente viene da Dio. È Dio che ci dà la fede, perciò quando l'uomo comincia a credere può auto-guarirsi e compiere delle buone azioni. Queste azioni si formano in lui da sole, partono dalla sua fede in Dio, perché è così che Dio ha ordinato. Il senso fondamentale della struttura dell'Universo, dal punto di vista di Dio, costituisce la fede in Dio nello sviluppo perpetuo di Dio e dell'uomo allo stesso tempo. Ad esempio, quando cominciamo ad esaminare il senso fondamentale del pilotaggio (sul piano dello stato fondamentale dell'universo), bisogna obbligatoriamente considerare il senso della struttura fondamentale dell'Universo, prima dal punto di vista della personalità, poi da quello degli oggetti d'informazione. Dunque, secondo Dio la struttura fondamentale dell'Universo rappresenta la vita eterna dell'uomo e di Dio simultaneamente.

Quando esaminiamo il processo di collegamento spirituale tra Dio e l'uomo, si tratta per Dio del fondamentalismo nella struttura dell'Universo, che corrisponde alla capacità di Dio e dell'uomo di conoscere simultaneamente il futuro stato dell'Universo. Ad esempio, supponiamo che l'Universo si sia evoluto nell'arco di un secondo, e che certi legami siano cambiati, allora Dio e l'uomo devono prendere coscienza simultaneamente di questo cambiamento. In realtà, l'Universo è fatto in modo rigido in termini di sviluppo dell'informazione. Naturalmente l'uomo partecipa a questo processo, quanto più esattamente percepisce questo cambiamento ad un certo livello. Ci si chiede allora con cosa lo percepisca. L'uomo percepisce questo cambiamento allo stesso modo di Dio. Si tratta di un'azione incondizionata, dal punto di vista di Dio, l'uomo è fatto in modo analogico alla struttura fondamentale dell'Universo, perciò è capace di captare consapevolmente tutti i cambiamenti.

Emerge quindi che l'uomo si trova nella struttura della creazione compiuta da Dio. Se l'uomo desidera riflettere sul modo in cui è costruito fondamentalmente, nel quale può autorestaurarsi e rendere degli eventi vantaggiosi, può – sia vedere il modo in cui Dio lo crea, oppure osservare il lavoro di Dio, tenendo conto del fatto che l'uomo si crea a livello della macrovita, cioè che si manifesta in tutti i fenomeni della realtà. Ne risulta che l'uomo può vedere soltanto il centro determinato della creazione secondo la sua percezione. L'uomo può vedere certamente, la luce della sua stessa creazione. Quando l'uomo percepisce questa luce e differenzia il modo in cui è stato creato, può auto-restaurarsi con questa luce. Nel seminario di oggi, è sufficiente estrarre questo frammento della comprensione nella coscienza dell'uomo per auto-restaurare fra l'altro – il proprio corpo fisico. Ciò permette di auto-guarire l'uomo e di rendergli la salute. Un'altra questione si pone, cioè, quale quantità di luce bisogna assorbire. In effetti, la creazione proveniente da Dio non è unicamente una luce continua, potente e brillante. Spesso può essere come un impulso, perché Dio possiede tutto in un solo impulso. Parlando di queste cose bisogna determinare delicatamente il livello di una tinta della luce, ne risulta che il livello fondamentale del pilotaggio costituisce la determinazione della tinta migliore. In effetti, la fede dell'uomo spesso si costruisce al livello dell'assenza di informazione esterna. L'uomo può credere, ma non può avere l'informazione convincente, succede che il livello dell'assenza del portatore fisico dell'informazione (il volume di informazione), che è comunque il livello che mostra il cammino, sia anche un livello divino. In questi termini, l'uomo può avere lo stato dello sviluppo perpetuo, semplicemente se crede di essere eterno.

Come può l'uomo verificare se è eterno? Supponiamo che l'uomo si avvicini ad un albero e che lo tocchi con la sua mano, l'uomo prende così coscienza della sua realtà solida e di un'ambito diverso, in questo caso di un albero. Con ciò, il momento del contatto con l'albero e l'eternità dell'uomo, cioè l'Universo infinito dell'uomo ("infinito" vuol dire "eterno"), e l'eternità di un oggetto d'informazione, più precisamente dell'albero, si incontrano e si informano. Si tratta di un atto divino di interazione di differenti elementi della realtà. Dal punto di vista di Dio, la reazione dell'albero deve essere la stessa di quella dell'uomo.

© Грабовой Г.П., 2000

Quando osserviamo questo fenomeno a livello fondamentale (tutti gli oggetti di informazione sono uguali per Dio), succede che l'albero pensi e agisca allo stesso modo dell'uomo. L'albero ha la stessa coscienza dell'uomo dal punto di vista di Dio. Se l'uomo si è reso conto che è eterno, trasmette questa proprietà di eternità all'albero. Non sarà più possibile bruciare, rompere o tagliare questo albero, non perché nessuno sarà capace di farlo con un'ascia o una sega meccanica, ma perché gli eventi si costruiscono intorno all'albero in tal modo che nessuno nemmeno penserà di prendere un'ascia per farlo.

Ne consegue che lo stato di sviluppo dell'uomo è lo stato di sviluppo divino nel senso fondamentale, rispetto ad altri oggetti della realtà. Perché l'uomo creato ad immagine di Dio, è capace di diffondere le conoscenze di Dio attraverso altri oggetti della realtà? Perché gli altri oggetti sono uguali per Dio. Si ottiene allora un triangolo particolare, dove lo stato di Dio è lo stato della diffusione dell'eternità e dello sviluppo attraverso l'uomo. Partendo da questo fatto, possiamo dire che è possibile combattere la malattia di un albero grazie al bio-campo o ad un'altra azione. Quindi in realtà e secondo il mio insegnamento, possiamo auto-restaurarci offrendo una struttura di eternità all'albero. Detto ciò, più effettuiamo tali funzioni di pilotaggio nella realtà esterna, meglio sarà per l'Universo che ci circonda e per noi stessi.

È possibile auto-restaurarsi dotando una molecola in una galassia, di un fattore di eternità, è sufficiente determinare la molecola e la galassia di cui avete bisogno. Ciò significa che dovete prendere una decisione in modo autonomo, e che la luce, cioè l'energia della luce proveniente da questa galassia, può far auto-restaurare le vostre cellule o voi stessi interamente. Per far ciò, bisogna solo sapere ciò che Dio potrebbe prendere in considerazione in termini di sviluppo perpetuo come l'eternità, per il livello di sviluppo susseguente dell'Universo, e nel senso fondamentale dell'Universo intero. Ne risulta che l'Universo è eterno nella conoscenza, è eterno perché potete percepirlo così. In altre parole, la percezione dell'Universo è l'eternità dell'Universo. Quando lo percepite così, l'Universo vi dà la sua struttura di eternità che proviene da questi, sia dall'esterno dell'Universo

© Грабовой Г.П., 2000

che verso di voi. Appare che la luce dell'eternità diventi infinita per voi, cioè che siate capaci di creare la funzione dell'infinità nella vostra coscienza. È sufficiente dotare il livello fondamentale dell'Universo in una struttura di eternità.

È dunque possibile formare delle parole, cioè lo stato iniziale di una parola, oppure un sistema legato ad una descrizione della galassia. Quando cominciate a formare la descrizione della galassia, vedete che state formando la galassia stessa. Ci si pone giusto una domanda, cioè come ci si possa assicurare che si tratti della formazione della galassia stessa. È chiaro che sia facile assicurarsene in una azione fisica sulla Terra, ma non è la stessa cosa con un elemento della realtà lontana. Ecco ciò che si ottiene: proprio come voi siete capaci di fermare un processo problematico, o auto-restaurare il vostro livello cellulare tramite la struttura della luce lontana, potete agire in vostro nome, giusto perché credete in questo fenomeno. Tutto ciò è dovuto al fatto che non credete solo nella logica di un fenomeno, ma bensì, che la fede è una fede vera e interiore dell'Anima. La vostra Anima sostiene il fatto che credete al senso fondamentale della struttura dell'Universo e che cominciate a pilotare con l'aiuto di questo senso.

Ad esempio – perché le scienze fondamentali, come la matematica, la fisica, e più esattamente le parti fondamentali di queste scienze o qualunque altra scienza o azione fondamentale, sono un'azione proveniente dal livello interno della fede, nella quale questo livello è veramente fondamentale? Come è possibile separare il livello fondamentale di colui che non è fondamentale secondo la comprensione pratica, quindi secondo un'azione di ingegneria o matematica professionale o personale? In effetti, tutti i fenomeni dal punto di vista di Dio sono identici, il livello fondamentale è ugualmente il livello della fede. Si tratta della fede che proviene da voi, della fede nella quale voi percepite un livello fondamentale. È nell'azione personale dell'uomo che la nozione di livello fondamentale ne è una condizionale al risultato. Succede allora che l'uomo che raggiunge il risultato grazie al pilotaggio fondamentale o ad un'azione elementare qualunque (senza limite) debba giusto ottenere il risultato. Ad esempio – per evitare l'esplosione di una centrale nucleare, bisogna solo fare in modo che

© Грабовой Г.П., 2000

essa non esploda, il modo in cui percepisce le sue azioni, sia fondamentalmente, sia semplicemente come un pensiero conseguente, non ha importanza. L'accessibilità dell'azione è fondamentale dal punto di vista di Dio. Ne consegue da ciò, che ogni azione è fondamentale per l'uomo e per Dio. Ciò è vero perché, in ter- mini di valutazione dell'eternità, ogni azione si svolge secondo un legame dell'uomo con tutta la realtà. Allora l'uomo si trova al centro fondamentale dell'Universo secondo la logica. Tutti i fenomeni sono ugualmente legati all'uomo. Così la separazione di un'azione conseguente da un'azione fondamentale, è un livello dello sviluppo della logica dell'uomo nell'ottica della comprensione divina. Dio si dà la possibilità di analizzare l'azione dell'uomo, proprio come fa l'uomo. Dio si dota di caratteristiche umane per aiutare l'uomo a comprendere la sua prossima azione divina, sulla base del senso fondamentale dello sviluppo della realtà, cioè sulla base di sviluppo e conoscenza eterni, delle leggi fondamentali, dei legami tra Dio e l'uomo, così come tra Dio e la realtà. Dio e la realtà – significa che si tratta di Dio e dell'uomo, mentre Dio e la realtà esterna possono essere una cosa del tutto differente.

Il modo in cui Dio è legato indissolubilmente alla realtà esterna, come un albero, una pietra o una molecola, costituisce il punto di vista dell'uomo. Il legame tra l'uomo e Dio è un punto di vi- sta personale, perché il legame tra l'uomo e l'uomo può essere unicamente un punto di vista personale. Allora l'elemento della fede è un'azione della diffusione del legame tra Dio e l'uomo in mezzo agli elementi esterni della realtà, relativamente al fatto che l'uomo può comprenderli nello sviluppo perpetuo, si ottiene allora l'immagine seguente: vedete una stanza che conoscete bene, della quale conoscete tutti i fenomeni e tutti gli oggetti. L'uomo si trova in un ambiente nel quale tutto gli è familiare riguardo a questo punto di vista. L'uomo si trova in un ambiente confortevole, quest'ambito è chiaramente il suo corpo fisico. Il corpo fisico dell'uomo comprende sempre Dio che si trova sia vicino a lui, sia ad una qualunque distanza. Questa capacità del corpo fisico di vedere Dio, è la formazione dell'Anima e del corpo fisico nello sviluppo perpetuo, perché l'Anima ed il corpo fisico sono uniti indissolubilmente. Potete constatarlo a livello delle prove e ugualmente a livello logico. Ne risulta che l'Anima dell'uomo è indissolubilmente legata al suo corpo allo stesso modo in cui Dio è indissolubilmente legato a ogni elemento della realtà.

© Грабовой Г.П., 2000

Chiedendoci dove si trovino i sistemi della manifestazione dell'Anima, possiamo vederne gli organi rispettivi. Ad esempio – il cuore dell'Anima si trova nella zona del polmone destro, il cervello dell'Anima è nella zona della tiroide e più in alto, etc. La sola differenza dell'Anima rispetto al corpo è che quest'ultima può cambiare all'interno del contorno del corpo, cioè l'Anima corrisponde sempre al corpo fisico dell'uomo. Il passaggio di livello della formazione dell'Anima verso il corpo costituisce il livello dell'organizzazione del corpo fisico. Ad esempio – la struttura dell'organo dell'Anima è sul lato sinistro nella zona del pancreas vicino alla milza. Cosa bisogna fare per autorestaurare la milza? Bisogna lavorare con la struttura della milza dell'Anima. In quanto agli organi pari, nell'Anima si trovano più in basso rispetto ai loro equivalenti fisici. Ad esempio – il rene destro, paragonabile a quello del corpo fisico, si trova giusto più in basso, perciò per auto-restaurare un rene fisico è sufficiente concentrarsi su quello dell'Anima, tutto qui. Occorre semplicemente sottoporlo alla vostra attenzione, ma bisogna farlo con la struttura dell'Anima. Allora si può concludere che la struttura fondamentale del pensiero (tener presente che l'Anima è la struttura fondamentale dell'Universo) può portare a delle azioni fisiche, in particolare all'auto-restaurazione della salute.

Se desiderate pensare con l'Anima, dovete vedere che pensate con l'Anima e non con la struttura del cervello fisico o la struttura di una cellula. Compartimentando il pensiero, cioè il piano fondamentale del pilotaggio, con la struttura dell'Anima e con il livello di conseguenza, si ottiene una percezione spiritua- le che costituisce ugualmente un elemento del "pre-pensiero" o del pensiero stesso. È possibile ugualmente pensare con lo spirito, ma in questo caso la distanza è ben determinata. Lo spirito è una distanza, uno sviluppo infinito, quindi un elemento dell'azione e dello sviluppo. Per esempio – il pensiero attraverso lo spirito si produce al livello dello spazio intercostale, ad una di- stanza di 10 – 12 centimetri davanti a voi. Se voglio pensare con il mio spirito, cioè all'interno della mia Anima, devo fare uno sforzo volontario.

© Грабовой Г.П., 2000

Nonostante ciò, quando penso con l'Anima, lo posso fare in uno stato statico, perché l'Anima è il pensiero. Perciò quando cominciamo a cercare tali sistemi di collegamento indissolubili, arriviamo alla conclusione che è Dio che possiede lo stesso livello di indissolubilità. Andando verso Dio in modo inverso, vediamo che è sempre presente, inoltre il livello di indissolubilità col corpo fisico nel quale si manifesta, costituisce lo sviluppo del corpo fisico verso l'eternità. Là dove il corpo fisico dell'uomo cresce verso l'eternità, dove la sua Anima si manifesta come una struttura di eternità nell'ottica della presa di coscienza del piano fondamentale dell'uomo tramite se stesso, è là che si vede la presenza del contatto con Dio. È a questo punto che il contatto di Dio con l'uomo avviene allo stesso modo in cui Dio si mette in contatto con qualunque elemento esteriore della realtà, al punto dove Dio è legato in modo indissolubile. Il legame indissolubile tra Dio e l'uomo costituisce la struttura fondamentale dell'universo.

Appena vediamo questi canali, possiamo auto-rigenerarci rapidamente, possiamo ottenere un corso di eventi corretti, ma dobbiamo sapere come e dove farlo, cosa che spesso è chiara. Come ho già spiegato, si tratta di un elemento della crescita e dello sviluppo, ma con cosa Dio è legato all'uomo? Se si pensa dal punto di vista dell'uomo, è chiaro, ma è chiaro soltanto a livello logico della percezione, in effetti la logica è un sistema derivato dallo sviluppo dell'uomo. Appena l'uomo comincia a riflettere per sapere con cosa è legato a Dio, utilizza ciò che esprime la conseguenza. Queste riflessioni sono possibili unicamente quando si pensa con l'Anima, e laddove non c'è un elemento della percezione in fase logica. Comunque, il fatto di pensare con l'Anima non è differente da un altro processo di pensiero. Soltanto quando la persona ha molta esperienza e vede che l'ottica dell'Anima si rivela, può comprendere che pensa con l'Anima. Spesso le persone pensano con la loro Anima senza rendersene conto, questo modo di pensare somiglia ad uno stato di tristezza o di un dispiacere qualunque. Questa sensazione è un sintomo premonitore del passaggio al livello dell'Anima. Non si tratta veramente di un dispiacere, ma di uno stato vicino alla vibrazione, quindi in realtà, l'Anima come Dio è inizialmente vera, non contiene né dispiacere nel senso proprio del termine, né sistemi negativi di percezione. È la percezione che

© Грабовой Г.П., 2000

forma il sistema del dispiacere. Quando ci si avvicina al senso fondamentale, si tratta piuttosto di un prolungamento o di un approfondimento, come un livello somigliante al fondo di un pozzo. Questa vibrazione è un accrescimento dei principi del fondamentalismo, cioè un livello di risonanza simile alla struttura dell'Anima, ma non si tratta di quest'ultima. Il dispiacere è che l'uomo non comprende nel frammento del suo livello d'Anima.

È sufficiente uscire da questo sistema per comunicare delle conoscenze in maniera logica. Perché l'uomo ha bisogno delle conoscenze logiche? L'uomo percepisce e trasmette l'informazione con la sua logica, allora l'Anima può avere uno sviluppo continuo nell'eternità. Nonostante ciò, vediamo che l'Anima possiede già tutte queste conoscenze. Tali conoscenze evolvono nella logica, e la logica rende di nuovo queste conoscenze all'Anima. È in questo modo che Dio ha costruito l'Universo, lo ha fatto in modo che ogni elemento di informazione trasmetta le informazioni a ciascuno degli altri elementi, come se queste conoscenze fossero nuove per l'altro elemento. In fondo, ogni elemento di informazione contiene tutti i sistemi di collegamento e tutte le conoscenze. Allora in cosa risiede il senso dello sviluppo? Perché l'Anima che si trova in uno stato statico, rappresenta ugualmente un sistema di sviluppo perpetuo? Pur non vedendo il movimento dell'Anima, si tratta comunque del livello infinito di uno sviluppo extra rapido. Si tratta già della libertà di una personalità, quando l'elemento di informazione si percepisce come un elemento libero, si trova quasi al livello della realizzazione di ogni tipo di pilotaggio. Perché Dio coltiva una libertà d'azione completa nelle persone? Perché una libertà completa è una creazione assoluta. Un uomo totalmente libero considera il sistema di pilotaggio come un sistema di sviluppo dell'Universo nel senso fondamentale. Fare avanzare l'Universo nel piano fondamentale per farlo sviluppare e permettergli di crescere, costituisce sempre la creazione.

L'Universo non si espande se in qualche luogo esiste una struttura non creatrice. Se succede si tratta unicamente di un elemento della creazione. Appena cominciate a percepire questa struttura, la vostra armonia interna diventa ciò che vedete davanti a voi, ma sotto forma di informazione concreta. L'Armonia è l'informazione. Quando esaminate la posizione in questo

© Грабовой Г.П., 2000

modo vedete la maniera in cui l'Anima pensa, sì voi potete osservare ciò. Come è possibile? Quando l'uomo sta facendo qualcosa, come cucire per esempio, si vede in base a questa armonia il modo in cui l'Anima pensa, ciò si fa in modo concreto, potete considerarla un'azione dell'Anima. Quando cominciate a vedere la struttura dell'azione dell'Anima, il vostro sistema di sviluppo spirituale, nel senso fondamentale della struttura dell'Universo dal punto di vista di Dio, costituisce il livello dell'unione con Dio e "L'eternità finale" così come nell'eternità in senso proprio. Quando cominciate a prendere coscienza di questo stato, potete vedere che la struttura dell'eternità è un valore finale nel piano della coscienza e del lavoro con questo valore. Ciò vuol dire che se volete vivere eternamente dovete utilizzare un algoritmo concreto legato al decorticamento dell'informazione relativa all'eternità, proprio come l'Anima eterna e infinita fornisce in permanenza il livello di sviluppo susseguente degli avvenimenti. Appena voi approdate ad un tale livello di informazione, l'azione susseguente diviene perfettamente chiara, cominciate a gestire il meccanismo di sviluppo perpetuo, sempre restando in uno stato di calma abituale. Farete delle azioni abituali, ma le compirete giustamente nella struttura di una conoscenza permanente dello sviluppo perpetuo.

Questo sistema di conoscenza costituisce tutte le vostre azioni, qualunque esse siano, anche le azioni logiche. Non si tratta soltanto di un sistema di macro-pilotaggio attraverso la chiaroveggenza o la struttura di sviluppo dell'accesso, o ancora di un frammento della coscienza, si tratta di qualunque azione quotidiana. In effetti il compito del Creatore, cioè di Dio unico, consiste nel fatto che ogni azione dell'uomo sia eterna e aggiunga un fattore ulteriore di eternità. Ogni azione a livello quotidiano, logico o a livello della soluzione dei problemi, anche sul piano spirituale (non soltanto fisico), deve portare a un livello susseguente della conoscenza dello sviluppo perpetuo. In che modo un livello ulteriore deve essere eterno e perché ciò si fa così e non altrimenti? Ci si pone molte domande alle quali bisogna trovare immediatamente delle risposte. Queste risposte devono essere formulate nella fede in Dio riguardo a voi. Bisogna ancora conoscere il livello grazie al quale capite

© Грабовой Г.П., 2000

che Dio crede in voi, così come l'uomo crede in Dio. In effetti, Dio inizialmente crede sempre alle persone, perché queste ultime sono un livello creato da Dio. Per questa ragione Dio crede alle persone perché conosce tutto di loro. Ogni azione rispetto all'uomo è espressa nella fede delle sue azioni e in ciò che Egli insegna agli uomini, in particolare nel Suo insegnamento sulla vita infinita. Quando vedete dove la fede di Dio nelle persone si manifesta, vedete dove potete attingere la fede in Dio. Si tratta così di un livello inverso – l'azione è "infinitamente compiuta" pur essendo compiuta nell'infinità. Dunque la nozione di azione "infinitamente compiuta" in questo caso è piuttosto una formulazione grazie alla quale, mostro che l'uomo è cosciente del senso fondamentale delle cose fatte. Ad esempio – l'uomo ha dipinto un quadro in modo infinito, ha quindi realizzato un'azione "infinitamente compiuta" cioè ha creato questo quadro a condizione che quest'ultimo si sviluppi eternamente, e produca un livello di informazione susseguente. L'azione dell'uomo è un'azione "infinitamente espressa" o "infinitamente compiuta" al momento della sua creazione. Il compimento e la creazione sono la stessa cosa. L'atto di compimento e l'atto di un livello di sviluppo susseguente sono quasi identici.

Allora, per rendere un'azione infinita, dobbiamo prendere coscienza del fatto che ogni azione elementare con questi fenomeni di pilotaggio, sono delle azioni che si dirigono da Dio a voi, proprio come voi agite secondo la volontà di Dio e capite la sua volontà. Facendo ciò restate, totalmente liberi, cioè, voi agite in modo completamente autonomo. Succede allora che Dio si manifesti come vostra propria libertà d'azione, ossia la vostra volontà. Questo contratto tra Dio e l'uomo costituisce la loro libertà assoluta. Si tratta della libertà di Dio che dà la conoscenza sullo sviluppo perpetuo, e della libertà dell'uomo che entra in contatto con Dio di sua propria volontà. In effetti, la vera libertà è un contratto con Dio, se si comprende correttamente e logicamente. Questo punto di contatto di cui vi parlo è espresso nella comprensione e nella conoscenza. È nella conoscenza che Dio entra in contatto con l'uomo, la conoscenza è un'espressione definita da Dio, si tratta di uno stato ben definito e di una realizzazione fisica di Dio. L'uomo capace di ottenere

© Грабовой Г.П., 2000

delle conoscenze è in grado di costruire delle macchine, è ciò che si fa nell'Universo. L'uomo può svilupparsi parallelamente allo sviluppo offerto da Dio. Allora in questo caso la forma è differente, ad esempio – la macchina possiede una forma che è diversa da quella dell'uomo. Dio stesso creando un elemento della realtà, fornisce una struttura susseguente differente da quella che esisteva prima, perché ogni elemento susseguente si sviluppa in maniera uniforme. Se l'uomo costruisce un Mondo diversificato, l'atomo costruisce egualmente un Mondo, ma in modo uniforme in termini di uniformità per Dio e anche per l'atomo. Dunque questa uniformità è varia benché gli atomi sembrino completamente identici secondo l'uomo. Certo tutti gli atomi non sono identici, ma lo sono in gran parte nel campo della visione dell'uomo. Con ciò, dal punto di vista di un atomo, esiste ugualmente un punto di vista dell'uomo. Così abbiamo la stessa struttura nell'Universo atomico. Ciò vuol dire che per un uomo che osserva gli atomi, questi ultimi sono identici come per Dio quando osserva un qualunque fenomeno della realtà. Quando un atomo reagisce ad un altro atomo, si può vedere una struttura totalmente simile.

L'uomo costruisce delle strutture molto diverse, ad esempio – degli edifici, delle macchine, delle strade. Pianta delle foreste e degli alberi fruttiferi, coltiva il grano per nutrirsi. Vedete – un uomo ha delle manifestazioni differenti, anche una forma ha manifestazioni diverse. È la stessa cosa che succede a livello atomico. Prendendo in considerazione questo fatto, possiamo comprendere in che modo siamo in grado di influenzare la materia. Se imparate il meccanismo della reazione, in particolare il meccanismo della percezione di un atomo verso un altro, sarete in grado di influenzare il livello atomico. Allora, quale altro problema avete? Entrate nella cellula e restauratela. Il resto è solo un elemento meccanico dell'affare: è sufficiente penetrare nel senso fondamentale della struttura del sistema per poter lavorare. Non avete bisogno di immaginare un atomo qualunque o di pensare che sia difficile entrarvi, è sufficiente definire un grande blocco del pensiero e studiare gli atomi nel sistema delle loro interazioni. Potete ingrandirli in maniera infinita, ingrandite l'atomo ad una misura infinita e conoscerete tutte le sue

© Грабовой Г.П., 2000

proprietà. Questi atomi saranno come nel palmo della vostra mano, non incontrerete problemi ciò facendo. Studiate i loro legami e osservate il modo in cui un atomo influenza un altro. Poi potete semplicemente inserire il sistema di pilotaggio in un atomo, oppure inserire l'impulso del pilotaggio nello spazio vicino all'atomo. Nel secondo caso, non utilizzate assolutamente niente, non toccate neanche l'atomo, è sufficiente che trasmettiate l'informazione che si dirige verso l'atomo. Alcune malattie complesse hanno difficoltà a cedere ad impulsi macroscopici nell'ottica del pilotaggio. Non si tratta, in questo caso, di macrosalvezza, perché tutto passa per la macro-salvezza, parlo di un impulso macroscopico potente che può attraversare il sistema se la malattia, in particolare la struttura della malattia, si trova nella micro-fase nel senso fondamentale. Allora è possibile collocare qui dei sistemi luminosi potentissimi, ma non toccheranno la microstruttura. È in questo sistema di conoscenza fondamentale dell'Universo, dal punto di vista di Dio, che potete inserire l'impulso della salute completa, nello spazio vicino a voi o di un qualunque altro atomo. L'importante è far passare il segnale come una proprietà della percezione di questo atomo. Allora, ecco la percezione corretta di un oggetto d'informazione: se siete riusciti a portare l'atomo alla vostra norma degli eventi, del corpo o di una galassia, questo sistema può essere normalizzato. È sufficiente esprimere questa norma.

Perciò, per auto-guarirsi o per fare auto-guarire un'altra persona, non è necessario esaminare il livello morfologico o attaccare concretamente una malattia, è sufficiente riportare la percezione di un oggetto alla norma. Convincete l'atomo che siete in buona salute e lo sarete, potete esprimervi simbolicamente o direttamente. Così, partendo da questa immagine della realtà, ottenete una prova del legame di ogni elemento d'informazione con un altro. Appena avete familiarizzato con questo sistema e prenderete coscienza della struttura di realizzazione delle vostre azioni, vedrete che nessuna informazione vi è stata nascosta. Vedrete ogni informazione intrinsecamente, e sarete in grado di confermare ogni azione costruttiva e positiva per voi soltanto, grazie al vostro lavoro. Questo aspetto è terribilmente importante per lo sviluppo perpetuo nel quadro dello sviluppo infinito.

© Грабовой Г.П., 2000

È essenziale sapersi persuadere o visualizzare il cammino dello sviluppo in modo integrale, semplicemente perché voi possedete il meccanismo di questa azione. Non è soltanto la questione di crederci, anche se spesso è molto importante, bisogna sapere che un sistema determinato di pilotaggio agisce correttamente, anche se non l'avete mai utilizzato prima. In effetti, l'Universo multiforme suppone che compiate sempre delle azioni corrette e che viviate in qualsiasi sistema di pilotaggio.

In questo caso l'approccio fondamentale del pilotaggio costituisce il livello che assicura la proprietà di reazione della vostra Anima. Il processo di pensiero realizzato dalla vostra Anima corrisponde in modo giusto all'esattezza del pilotaggio, attraverso la fase spirituale della conoscenza. In altre parole, il corpo non ha problemi fisici, ne spirituali, ne legati ad eventi. Il senso del movimento tra gli eventi consiste nell'avanzare sempre sul vostro cammino. Questo cammino è buono, corrisponde ai vostri obbiettivi, alle vostre idee e alle vostre intenzioni. Se si tratta di eventi negativi, sono dei frammenti piccolissimi e lontani della vostra luce. Quindi appena cominciate a vedere un frammento, dovete comprendere che questo evento negativo non è una luce, ma piuttosto una fase scura della percezione, diciamo le tenebre. Questo evento contiene due indizi: la luce e le tenebre. Ci sono allora due zone, una zona scura e una zona chiara, abbiamo un piccolo spazio chiaro insignificante sulla zona scura, potete distinguere ad un tratto, ciò che non è la norma. Vi trovate nel sistema fondamentale dell'Universo e non avete nessuno problema. È sufficiente prendere un pezzettino di luce ed esaminare di quale evento si tratta. È molto facile esaminarlo, per fare ciò bisogna decorticare la struttura, cioè ingrandirla e avvicinarla al sistema della coscienza più vicino a questo punto, ed osservare a cosa ciò si riferisca, nella vostra vita o altrove. È in questo momento che il livello di concentrazione ha importanza. Se siete occupati a fare qualcosa, rischiate di non prestare attenzione a questa macchia di luce, se osservate l'aspetto generale di questa macchia di luce e considerate che non dovrebbe porre problemi, continuate il vostro cammino. Se questo indizio si rivela problematico, o se trovate degli indizi di una qualche reazione, fate spostare l'Universo. Bisogna solo spingere questa zona scura più lontano, ecco tutto. Questa luce caratterizzante gli eventi nel pia-

© Грабовой Г.П., 2000

no negativo, comincia a cambiare e a disperdersi. La zona scura comincia a disperdersi ugualmente. Lo scuro è sempre presentato da un livello chiaro della possibilità di risoluzione di questo problema nell'ottica della struttura fondamentale dell'universo. Vedete che questo cammino non è complicato nella percezione geometrica della realtà. Seguite questo cammino molto facilmente e in completa libertà. Non incontrate resistenza a questo livello dell'Armonia dell'Universo. Bisogna soltanto prestare attenzione all'indizio lontano al momento opportuno, dico che almeno bisogna prestargli attenzione, proprio come nei sistemi di pilotaggio fondamentali, nelle ricerche fondamentali, nelle scienze fondamentali, il livello fondamentale è il livello più semplice in realtà. Quando capite il livello fondamentale, tutti i livelli di applicazione ne sono conseguenti e più semplici, anche se questi ultimi possono diventare più complessi successivamente. Ciò nonostante, appena uscite dal piano fondamentale, vedete apparire delle masse di eventi che si muovono come uno sciame di api. Inoltre vi ci dovrete ritrovare, quando vi trovate nello stato di pilotaggio fondamentale durante un lungo periodo (e non si tratta di giorni ma di mesi) non constatate sistemi problematici e non li correggete che molto raramente, tutto qui. Si tratta di una differenza primordiale, l'uomo che si trovi al livello del pilotaggio fondamentale dal punto di vista di Dio può restare tranquillo per molto tempo. Si tratta quindi del pensiero "prefattoriale" dell'Anima, cioè, il pensiero che è apparso come un pensiero negativo o di pilotaggio esterno, non è necessariamente negativo che si sia manifestato. È molto facile vedere dei legami condizionali a questo livello, poi potete situarvi nel sistema degli eventi esterni se lo desiderate e gestire gli indizi consecutivi. Allora in questo caso, dovete utilizzare dei flussi luminosi potenti e ingrandire la risorsa del pilotaggio, visto che ciò è spesso molto efficace, ed è qui che un nuovo livello emozionale nasce.

In che modo è possibile sapere da dove le emozioni provengano? Potete saperlo, si tratta di un livello di pilotaggio dinamico esterno dove i sistemi sopraelevati, il Mondo materiale, il livello fondamentale e l'Universo in generale sono determinati dalla vostra reazione. Definite il vostro Mondo a questo livello. Generalmente sono i bambini che lavorano in questo Mondo e in

© Грабовой Г.П., 2000

tale sistema di pilotaggio. Il Mondo interno ed i sistemi esterni sono spesso per i bambini ciò che essi creano all'interno di sè e cominciano a fare uscire nella realtà esteriore. Qualche tempo dopo, vedete che i sistemi quotidiani fanno spostare l'uomo maggiormente al livello dei sistemi degli eventi. Succede a volte che desideriamo trasformare il sistema degli eventi come un sistema di pilotaggio. Supponiamo che avete bisogno di creare una fase sonora di un pilotaggio, cioè, che desiderate fare delle correzioni pronunciando una parola e non a distanza, grazie alla conoscenza della struttura dell'Universo. Potete pronunciare una parola, una parte di parola, oppure un livello sonoro composto da mantra, a volte, il livello del pilotaggio con delle parole resta sempre un livello degli eventi. Accedete allora alla fase dell'evento che è manifestato in modo fisico. Potete fare il pilotaggio a livello fondamentale della conoscenza dell'Universo, mentre la fase verbale esterna può essere completamente differente. Ad esempio – andate in auto in qualche posto e desiderate che non succedano incidenti, parlate al telefono mentre discutete di un altro soggetto, dunque la fase verbale del pilotaggio ed il livello della vostra presenza e della vostra azione, rispetto all'evento, costituiscono delle fasi differenti. Il livello fondamentale può essere differente dalle parole pronunciate.

Quando fate una connessione, quando cioè fate in modo che la parola o il suono pronunciato sia differente dall'azione e che l'azione differisca dalla parola, ma che sia diretta verso il vostro scopo (ad esempio sperate che l'automobile avanzi senza incidenti), Dio è presente in queste azioni, si tratta di un legame fortissimo tra Dio e il fenomeno. Quando siete presenti in un auto, ciò significa che vi trovate là, e che il livello del vostro piano fondamentale massimale, si situa al livello che assicura il movimento e non nelle parole che voi pronunciate al telefono o giusto nelle vostre riflessioni. Il livello fondamentale e il livello di conseguenza sono due cose completamente diverse proprio come la presenza di Dio. Allora, in questo caso, il suono non ha importanza e la parola non ha valore. Solo la presa di coscienza del piano fondamentale del pilotaggio ha importanza. Quando prendete coscienza del fatto che potete avanzare riproducendo una parola come un livello assicurante, una realtà susseguente, diviene chiaro allora che la parola è la nascita di una realtà mate-

© Грабовой Г.П., 2000

riale. Nella struttura interiore di una parola, si può vedere chiaramente il modo in cui il Mondo materiale nasce. La luce della parola è un Mondo materiale.

Quando cominciate a osservare questa struttura, vedete che un sistema sonoro di pilotaggio, o un sistema con il quale avete un legame con il livello fondamentale e sonoro, costituisce il livello dove la parola emette una luce che si dirige verso il vostro piano fondamentale. Ciò vuol dire che la parola è presente in questo livello ugualmente, perché siete voi ad averla creata, la parola interagisce con voi nel piano del vostro sviluppo dell'infinito. La luce della parola è come l'informazione, perché raggiunge il vostro livello fondamentale nel piano proiettivo. Dunque, utilizzando una parola, un numero, o semplicemente un pensiero, è ugualmente possibile spostare degli eventi nel piano fondamentale. Ciò vuol dire che la parola esterna può avere accesso a un sistema interno degli eventi. Detto ciò, il pilotaggio in questo piano fondamentale è un pilotaggio che in realtà è sufficientemente armonioso per l'uomo, perché non percepisce la differenza tra la parola proveniente dall'esterno e quella che si trova all'interno del sistema. La parola all'interno del sistema è la conoscenza, precisamente l'informazione. Quando osserviamo gli eventi in questo modo, vediamo che l'Universo è molto informazionale nell'ottica della vostra visione. Ciò vuol dire che siamo capaci di percepire non la parola, ma l'informazione. Possiamo influenzare degli eventi senza parlarne. In effetti, perché bisogna spiegare il fenomeno con delle parole se l'evento è complesso, se si tratta di un Mondo intero o di una galassia? È sufficiente influenzare questo Mondo. Ne risulta che quando cominciamo a convertire l'informazione sotto forma di una parola in noi, cioè nel nostro Mondo interiore, vediamo che la parola si trasforma di nuovo in luce raggiungendo un certo livello. In che modo percepiamo la parola? La percepiamo specificatamente sotto forma di una luce o di una informazione. È chiaro che la parola interagisce con il corpo e con lo spirito che si trova nello stato dell'Anima, fa nascere un sistema di una realtà fisica legata al nostro corpo fisico. Allora è sufficiente pronunciare dei sistemi di pilotaggio, scegliere delle sequenze numeriche per auto-restaurare il vostro corpo fisico. Grazie alla parola, avete ottenuto il cammino della trasmissione dell'Universo fondamentale verso di voi. Ciò vuol dire che

© Грабовой Г.П., 2000

la parola, l'immagine e la sequenza numerica sono degli elementi della percezione. La vostra percezione forma la vostra eternità. È molto facile osservarla in questo schema, si tratta chiaramente del sistema della trasmissione e della diffusione dell'informazione, secondo la struttura del mio insegnamento, sui processi fondamentali dell'Universo o certamente sul livello fondamentale dell'Universo, dal punto di vista di Dio e nell'ambito del mio insegnamento su Dio. La conoscenza è il livello della comprensione dell'Universo in termini di legame, è sufficiente che l'uomo comprenda ciò, e sarà in grado di trasmettere immediatamente queste conoscenze. Perché dico queste cose complesse nella sala, benché siano abbastanza semplici nell'ottica del pilotaggio? Perché in questo caso, è sufficiente percepire un elemento sotto il profilo della struttura fondamentale, perché esso divenga chiaro in un modo o in un altro. Forse le persone comprenderanno ciò più tardi, ma generalmente tutto diventa chiaro immediatamente. Ecco perché, quando trasmettete delle conoscenze, l'essenziale è che vi troviate in questo piano fondamentale della comprensione dell'universo. È anche possibile trasmettere delle conoscenze molto complesse in questo modo. Il sistema della trasmissione delle conoscenze complesse è molto semplice e rapido. In effetti, l'Anima di un altro uomo è capace di percepire le conoscenze abbastanza facilmente e rapidamente. La cosa più importante è che l'Anima dell'uomo in primo luogo percepisca queste cose. Basandovi su questo corso fate l'esercizio di pilotaggio seguente:

Riportate alcuni dei vostri piani, vicini o lontani alla norma degli eventi, fatelo in modo che dal punto fondamentale, la vostra comprensione sia la stessa di quando si tratta di influenzare sia gli eventi lontani che quelli vicini. In effetti, la nozione fondamentale della fede risiede in questo principio. Non c'è alcuna differenza per Dio, quando si tratta di influenzare delle cose lontane o vicine. Per allenarvi fate l'esercizio seguente: Fate concordare un qualunque evento lontano con degli eventi vicini, esercitate un'influenza su di essi, ottimizzateli e normalizzateli.

Termino così il seminario di oggi. Molte grazie per la vostra attenzione.

****

© Грабовой Г.П., 2000

ESERCIZI DI CONCENTRAZIONE, TECNICHE E METODI

È preferibile studiare gli esercizi di concentrazione e le tecniche qui sotto riportate insieme e accompagnati dalla parte teorica **dell'insegnamento su Dio: "La struttura fondamentale dell'Universo"** proposta da Grigori Grabovoi ai corsi pratici e nella sua opera consacrate a questo soggetto.

Le tecniche presentate qui sotto servono come materiale di riferimento a coloro che hanno già studiato la parte teorica e seguito dei corsi pratici. Queste tecniche permetteranno loro di comprendere meglio gli esercizi e di fissare le loro conoscenze.

METODO

AUTO-RESTAURARE IL CORPO UMANO ED ARMONIZZARE GLI EVENTI ATTRAVERSO LA PERCEZIONE DELLA LUCE CHE HA CREATO L'UOMO

1. Vedete il processo di creazione dell'essere umano. Comprendete che non è soltanto un corpo, ma un livello proprio, che è connesso a tutti i fenomeni dell'Universo infinito.
2. Capite che basta percepire il centro della creazione dell'uomo per vedere la luce divina che lo crea.
3. L'uomo non se ne rende conto, ma Dio lo ricostituisce in ogni istante. Comprendete ciò e preparatevi a vedere la luce divina che vi ha creato. È spesso percepita come un'inflessione molto sottile.
4. Percepite consapevolmente, nella misura delle vostre capacità, l'inflessione sottile di questa luce. Fate un pilotaggio per ristabilire il vostro corpo e gli eventi della vostra vita.

© Грабовой Г.П., 2000

METODO

RENDERSI CONTO CHE SIAMO ETERNI. AUTO-RICOSTRUIRE IL PROPRIO CORPO FISICO ATTRIBUENDO DELLE PROPRIETÀ ETERNE AD UN OGGETTO

1. Comprendete che, pur essendo umani, siete eterni e senza limiti, perché Dio vi ha creati così.
2. Scegliete un albero, avvicinatevi ad esso e toccatelo. Pensate sempre alla vostra eternità.
3. Potete rendervi conto che in questo momento l'albero sente e comprende come voi: siete l'immagine di Dio, per il quale tutti gli oggetti della realtà sono dotati delle stesse facoltà.
4. Se percepite la reazione e il fondo emozionale dell'albero, che sta equilibrando il vostro corpo, potete essere sicuri che ha ricevuto l'informazione che gli avete comunicato. Ciò prova che siete eterni.
5. Comprendete che state auto-ristabilendovi perché attribuite all'albero di vostra scelta una struttura eterna. Allo stesso modo, riportate alla norma il suo ambiente circostante.

METODO

CREARE CONSAPEVOLMENTE LA PROPRIA FUNZIONE ETERNA

1. Vedete che siete veramente eterni, perché Dio vi ha concepiti così.
2. Scegliete un oggetto situato vicino o lontano da voi. Può essere una molecola nei paraggi di una stella di vostra scelta.
3. Comunicategli delle proprietà eterne, cercate di comprendere come Dio vede l'evoluzione del livello fondamentale dell'Universo per assicurare la sua eternità. La vede sicuramente stabile e piena di felicità e gioia.

© Грабовой Г.П., 2000

4. In questo caso la vostra scoperta dell'Universo non ha limiti. L'Universo sarà eterno perché voi lo vedete così.

5. Vedete la luce di questa molecola. È una "leva" di ristabilimento della vostra salute e dei vostri eventi. Le proprietà eterne che le avete attribuito ritornano a voi. In altre parole, assicurando l'eternità del livello fondamentale dell'Universo, create la vostra funzione eterna.

ESERCIZIO DI CONCENTRAZIONE

ADATTARE IL RAPPORTO DI DIO CON L'UOMO, AGLI ELEMENTI DELLA REALTÀ ESTERNA

1. Sentite la fede in Dio nella vostra Anima, capite che è un'azione di Dio diretta verso di voi. Sentite un legame spirituale profondo che vi unisce a Dio.

2. Grazie alla vostra fede in Dio, vedete che Dio ha lo stesso rapporto con il Mondo esterno. Vedete tutti gli oggetti in evoluzione perpetua, poiché Dio li ha concepiti così, sempre rispettando la loro volontà.

3. Basatevi sulla vostra fede e sui legami che vi uniscono all'Universo, e vedrete quest'ultimo come un ambiente familiare e confortevole. Questa percezione vi renderà stabili e fiduciosi.

ESERCIZIO DI CONCENTRAZIONE

PERCEPIRE L'INSEPARABILITÀ DELLA VOSTRA ANIMA DAL VOSTRO CORPO

1. Con fiducia, vedete nuovamente il vostro ambiente circostante come un ambiente confortevole.

2. Una volta che avrete raggiunto la pace interiore, vedrete che il vostro corpo fisico è un ambiente esteriore confortevole per la vostra Anima.

© Грабовой Г.П., 2000

3. Concentratevi sul vostro corpo, vedetelo come una regione esterna direttamente legata a Dio. Notate il legame che unisce il vostro corpo a Dio. Vedete Dio "attraverso il vostro corpo".
4. Percependo il legame del vostro corpo fisico con Dio, potete sentire la pace nella vostra Anima e vedere chiaramente il suo movimento perpetuo.
5. Riunite gli elementi della vostra percezione, vedete la vostra Anima e il vostro corpo mirati nello stesso slancio verso l'eternità.
6. Riunite le percezioni della vostra Anima e del vostro corpo in evoluzione, e vedrete che sono inseparabili. Così, scoprirete un nuovo aspetto della struttura fondamentale dell'Universo.

TECNICA

AUTO-RISTABILIRE IL FUNZIONAMENTO DEGLI ORGANI DEL VOSTRO CORPO ATTRAVERSO IL PENSIERO DELL'ANIMA

1. Prendendo come base l'esperienza degli esercizi precedenti, vedete l'inseparabilità della vostra Anima dal vostro corpo.
2. Immergetevi nella vostra Anima, vedete il vostro livello fondamentale così come quello dell'Universo.
3. Concentratevi sull'organo dell'Anima relativo ad un oggetto fisico, ad esempio, per auto-ristabilire il funzionamento della milza, concentratevi sul fegato dell'Anima.
4. Concentratevi sull'organo dell'Anima che corrisponde ad un organo pari del vostro corpo fisico, ad esempio – per ristabilire il funzionamento dei reni, concentratevi su quelli dell'Anima, si trovano leggermente più in basso rispetto ai reni fisici. Pensateli con la vostra Anima.
5. L'Anima è la struttura fondamentale del pensiero. Allora la percezione attraverso l'Anima genera il ristabilimento delle funzioni di ogni organo del vostro corpo.

© Грабовой Г.П., 2000

ESERCIZIO DI CONCENTRAZIONE

SCOPRIRE L'INSEPARABILITÀ TRA IL VOSTRO CORPO E DIO

1. Basandovi sugli esercizi di concentrazione precedenti, vedete l'inseparabilità della vostra Anima dal vostro corpo.
2. Concentratevi sull'inseparabilità e l'evoluzione sincrona del corpo e dell'Anima, e sentirete nettamente la presenza di Dio intimamente legato al vostro corpo. Ciò permette al vostro corpo di evolvere e di essere eterno.
3. Vedete la vostra Anima come una struttura eterna, e vedrete e sentirete la vostra comunione con Dio.
4. Comprendete che questa inseparabilità è una sfaccettatura della struttura fondamentale dell'Universo.
5. Percependo la presenza di Dio, potete facilmente riportare alla norma le funzioni del vostro corpo e gli eventi della vostra vita.

METODO

TROVARE LA FEDE IN DIO

1. Comprendete che la vostra evoluzione consiste nello scoprire perpetuamente l'essere umano, L'Universo e Dio. Ognuno dei vostri atti è un elemento dell'evoluzione eterna.
2. Potete avere molte domande su ciò che dovete fare per evolvere eternamente. La vostra fiducia in Dio vi aiuta a rispondervi rapidamente.
3. Dovete capire che Dio ha fiducia in voi e nella giustezza dei vostri atti. Crede che imparerete a vivere eternamente esercitando il vostro libero arbitrio. Osservando l'universo, vedete e sentite che Dio ha sempre fiducia in voi.
4. Quando vi rendete conto che Dio ha fiducia in voi, arrivate facilmente a nutrire la vostra fede in Lui.

© Грабовой Г.П., 2000

5. Capite che trovate e fortificate la vostra fede è un atto senza limiti. È posto nell'eternità e prepara un livello di evoluzione ulteriore. In realtà, partecipa alla vostra evoluzione e a quella dell'Universo.

METODO

FARE IN MODO CHE OGNUNO DEI VOSTRI GESTI SIA ILLIMITATO

1. Vedete ancora una volta la fiducia di Dio in voi e la vostra fede in Lui, come un'interazione di due persone.
2. Comprendete che l'azione illimitata, è allo stesso tempo il vostro movimento verso Dio e la Sua azione diretta verso di voi. Entrambi si hanno nel rispetto del libero arbitrio di ciascuno.
3. Capite che ogni gesto che fate, che sia quotidiano, professionale o spirituale, è illimitato. Può essere un'azione compiuta congiuntamente da strutture spirituali e materiali.
4. Se lo capite, ciascuno dei vostri atti sarà un passo verso un livello di evoluzione nuovo, verso la vita eterna per voi e l'Universo.

TECNICA

EQUILIBRARE IL CORPO UMAMO, UNO DEGLI ORGANI O UN EVENTO, COMUNICANDO L'INFORMAZIONE DELL'EQUILIBRIO AL LIVELLO ATOMICO

1. Capite che colui che può agire sul livello atomico non fa distinzione tra gli atomi, allo stesso modo in cui Dio non fa differenza tra i fenomeni della vita.
2. Nel vostro cervello scegliete un compartimento relativo al trattamento dell'informazione, esaminate l'interazione degli ato-

© Грабовой Г.П., 2000

mi. Potete ingrandirli infinitamente per comprendere in dettaglio le loro proprietà, le loro interconnessioni e la loro influenza le une sulle altre.
3. Scegliete un sistema di pilotaggio per riportare alla norma un corpo umano o un evento. Introducete questa informazione in un atomo o inseritela al suo fianco.
4. Effettuando il pilotaggio a livello fondamentale, vedete che l'informazione passa ininterrottamente da un atomo all'altro.
5. Il vostro pilotaggio consiste nel "convincere" l'atomo che siete in perfetta salute. Così potete riportare alla norma un corpo fisico o un evento, senza preoccuparvi delle loro dimensioni ne della loro localizzazione.

TECNICA

EQUILIBRARE GLI EVENTI PRESENTI E FUTURI PARTENDO DAL LIVELLO FONDAMENTALE

1. Il pilotaggio al livello fondamentale vi permette di vivere a lungo senza problemi, poiché la vostra Anima agisce laddove non interviene alcun fattore negativo.
2. Eventualmente, potete percepire un evento negativo come un fondo oscuro, sul quale scivola a volte un piccolo bagliore. Per armonizzare l'evento, è sufficiente osservare questa particella di luce avvicinandola a voi. Potete anche studiare la sua struttura dall'interno. L'osservazione del livello fondamentale permette spesso di ristabilire l'equilibrio.
3. Se notate che l'evento futuro che state analizzando è problematico o comincia a realizzarsi, allontanate da voi la particella di luce. Vedrete che si spegne e il fondo oscuro sparisce.
4. Possedete così un livello di pilotaggio semplice che si presenta sotto forma geometrica.

© Грабовой Г.П., 2000

TECNICA

PILOTARE DEGLI EVENTI A LIVELLO FONDAMENTALE

1. Bisogna comprendere che la parola, la formulazione di una sequenza numerica ad alta voce e l'intervento a livello fondamentale, sono tipi di pilotaggio differenti, ma potete combinarli.

2. Pronunciando una parola o una sequenza numerica, agite nel Mondo fisico. In seguito, la parola raggiunge il vostro livello fondamentale, allo stesso modo in cui la luce si proietta su un piano. Ciò genera uno spostamento dell'informazione degli eventi al livello fondamentale.

3. Per sincronizzare il pilotaggio attraverso la parola, con quello dell'intermediazione al livello fondamentale, dovete comprendere che i due esistono e si coordinano.

4. Tramite la parola, potete riportare il livello fondamentale verso il vostro corpo e ristabilire le sue funzioni o armonizzare un evento della vostra vita.

© Грабовой Г.П., 2000

Edizioni L'Arcipelago
Via Panciatichi, 23/6
50100 Firenze
tel: 3408135490

www.ingramcontent.com/pod-product-compliance
Lightning Source LLC
Chambersburg PA
CBHW070917180426
43192CB00037B/1552